ビジネスのための デザイン／思考

Innovate by Design-based Management

紺野 登【著】
Noboru Konno

東洋経済新報社

はじめに

　今から100年後に現在を振り返ってみたとしましょう。そのときに**21世紀の産業社会を描写するであろう、大きな時代のコンセプトは「デザイン」である**……。これからこのような視座で「デザインの世紀」の経営について考えていきたいと思います。なぜデザインが重視されるのか、背景や知としてのあり方についてひもとき、デザインを知的基盤とする「デザイン経営」（design-based management）に不可欠と考えられる実践的思考について論じていきます。

　なぜデザインなのか。それは20世紀の分析的・管理的な経営（学）が軽視してきた創造性（感情的知性）や、現場における身体性（運動的知性）の回復につながる知のあり方が「デザイン」という言葉に象徴的に集約されているからにほかなりません。

　21世紀に入ってすでに10年が経ちました。日本企業の本格的な再生が叫ばれています。しかし、世界の経済や社会も未曾有の転換期にあります。ひとり日本企業が奮起しても、大きな変化は望めないでしょう。内向きの日本的経営論や日本企業論だけではブレークスルーへの限界を感じます。DNAや資質を再確認しつつ、大きな時代の変化のなかで、自らが為せることを見いだし、やり方や考え方を変えること。そうでなければその閉塞感から抜け出すのは難しいでしょう。

　ここにデザインの知としての可能性があります。最近の日本企業の現場を見るにつけ、かつての考え方や仕事の仕方の延長ではただただ物事が複雑になっていくだけだという感があります。まさにアポリア（行き詰まり）

の状況です。小手先のツールや組織活性化ではない、根本的な知の刷新、すなわち「リ・デザイン (re-design)」が必要ではないでしょうか。

ただ、この大きなテーマをうまく扱っていけるか不安です。デザインというと、まずは皆さんの周りにあるモノのカタチのデザイン、とくにプロダクト・デザインを思い浮かべることでしょう。それもデザインの一面です。しかし、デザインの本質的な意味や価値は、カタチに至るまでのコンセプトや、製品やサービスを構成する多くの要素間の関係性の形成力（組織化力）にあります。つまり**カタチがなくてもデザイン**なのです。デザインは人間力をフル活用しながら価値を生み出す、いまの時代にふさわしい思考、実践的「知」だといえます。

デザインとは「デ (de)」+「サイン (sign)」、つまり、従来の意味（記号）の組み合わせを否定し、変えることです。常識を否定し眼前の複雑な状況をシンプルに解決しようとする「引き算」のアプローチでもあります。それは何らかのフレームワークをあてはめ分析を駆使して一般解に至るのとは逆のアプローチです。私たちの**直観、身体・感情・知性を用いて現場での個別具体の現実から仮説を生み出し、目的に向けて諸要素を綜合・創造する知**です。こういった思考法を身につけることは、複雑で不確実な社会に生きる私たちには不可欠ではないでしょうか。

デザインの対象や領域はもはやモノだけでなく、サービスやそのイノベーションに、そしてビジネスモデルにまで広がっています。私たちは見えないものをデザインの対象とする「知識デザイン」の世紀にいます。これまでも重要だとはいわれていましたが、経済や経営の側からもデザインが再認識されています。ただしそれは、1980年代や90年代とは異なる経済とデザインの組み合わせ、つまり**人間の顔をしたサービス経済と「知識デザイン」という組み合わせ**においてです。

今後もっとも大きなデザインの領域のひとつは地球規模の「サステナビリティ」のイノベーションではないでしょうか。世界が「過剰なモノの生産と供給、欲望喚起によるマーケティングの時代」から「人間や社会のための最適な関係の形成やサービス化された技術やモノのあり方を模索する時代」になり、個々の地域や顧客との関わりの中で人間社会や文化を深く理解し行動する要請が高まっています。ただしそこにはこれまでの画一的でユートピア的なグローバリゼーションの考えでは解決できない、多元的な価値の対立と共存という、克服すべき問題が山積しています。

　本書は従来の意味での「デザインの本」ではありません。「知のデザインの世紀」の経営という視座の下で、**①プロダクトのイノベーションなどにかかわる知の方法論としてのデザイン**、**②ビジネスモデルなどに関わる生産システムとしてのデザイン**、**③持続的な経営あるいは人間中心の経営やリーダーシップの哲学としてのデザイン**という、3つの側面から知的基盤としてのデザインについて考えていきたいと思います。
　これらに従って、PARTⅠの第1章ではイノベーションを促進するデザイン思考（知識デザイン）、第2章ではプロダクトやサービスのレベルを超えたビジネスモデルつまり価値生産システムとしてのデザイン、第3章では21世紀のサステナビリティ経営にとってのデザインを論じます。
　PARTⅡでは第1章〜第3章にほぼ対応しながら、著者が経営大学院やデザイン・スクールのプログラムで展開している実践的なデザイン経営の方法論や思考ツールについて紹介します。（1）コンセプト・デザインの方法論としてのエスノグラフィー（文化人類学の調査方法）などの質的研究方法論（第4章）、（2）関係性のデザインとしてのビジネスモデルのデザイン（第5章）、そして（3）時間・空間に関わるデザインすなわちシナリオに基づくデザイン（第6章）をとりあげていきます。

　本書は2009年の年末、東洋経済新報社のベテラン編集者大貫英範氏と

別件でお話したのがきっかけでデザイン経営についてまとめる話が具体化しました。その少し前からデザインに関する経営者の関心が高まりつつありました。筆者の周囲でも某大手ITサービス企業トップがこれからはデザインだと語り同社の役員にデザインに対するレクチャーの依頼を受けたりしました。東京大学工学部ではi-school（イノベーションの学校）の試みが始まり、桑沢デザイン研究所では<STRAMD>という戦略的デザイン経営プログラムが開始されました。筆者が審査員をしている「グッドデザイン大賞」では「サービス分野のデザイン賞」が立ち上がりました。一般社団法人・日本デザインマネジメント協会などの組織化についても相談をお受けしました。それぞれはどれも小さな動きですが、要は、従来の日本的経営の現状、モノづくりに傾斜しすぎて閉塞した状況をなんとかデザインで打ち破れないか、という皆さんの思いが高まっていたということだったのではないでしょうか。

　ただし、何でもそうですが、経営概念の流行（ファッド）はよほど留意しなければなりません。便利で面白いから飛びつくという時代ではないのです。「デザイン祭り」ではいけない。一寸齧って、難しいから、理解しにくいから、すぐに役立たないから、という関わり方では本質に至る前に関心を失ってしまうでしょう。正直、デザインの世界は玉石混淆です。デザインが話題になっているからといってすぐにわかるものではないし、つかみどころのないところがあります。しかし、それでも21世紀の知としてのデザインの重要性は否定できなくなっています。

謝辞

　本書をまとめるにあたっては多くの方々にお世話になりました。ものの見方を教わり対話を通じて知見を深めることができました。

　まず故人となられた元ソニー・マーチャンダイジング戦略本部長の渡辺英夫氏。長年にわたり筆者のメンターでしたが前年亡くなられました。実は、本書の最初の動機も渡辺さんのライフテーマだったデザインと知識経営にかかわる対話の糸を途絶えさせたくないとの願いでした。

　桑沢デザイン研究所所長の内田繁先生、桑沢で<STRAMD>を土催される中西元男先生（早稲田大学戦略デザイン研究所客員教授）、IFI（ファッション産業人材育成機構）ビジネス・スクール元学長で留学時代の先輩でもある尾原蓉子先生、東京大学大学院工学系研究科教授でi-school創設者の堀井秀之先生と同ディレクターの田村大氏、元京セラ会長で現在同志社大学大学院客員教授の西口泰夫氏、そして元日本サン・マイクロシステムズの山田博英氏はじめ、ビジネスにおけるデザインの知の意味合いを確認できるさまざまな機会を頂きました。

　本書で紹介するデザイン思考、ビジネスモデル、シナリオ・プランニングの方法論についてはそれぞれ、IDEOフェローでスタンフォード大学教授のバリー・ケイツ（Barry Katz）、アレックス・オスターワルダー（Alex Osterwalder、ローザンヌ大学）、ジェイ・オグルビー（Jay Ogilvy、GBN共同創業者）各氏の知見に大きく負っています。

　知識デザインあるいはデザイン思考の考察は、「知識経営」の「師」である一橋大学名誉教授、野中郁次郎先生による御指導が基盤となっています。その仲間である多摩大学知識リーダーシップ綜合研究所（IKLS）の徳岡晃一郎所長はじめ同研究所の面々、アルファ・ブロガーの橋本大也客員教授、および片岡裕司、山中健司、柴田裕介各客員研究員にさまざまなサポートを得ました。

　また、筆者の授業の一環でコンセプト・デザインやシナリオ・プランニング研究に関するワークショップに参加してくれた多くの多摩大学大学院

の院生、OB諸氏に助けて頂きました。OBのかなり税務会計事務所の金成祐行氏には、デザイン視点での会計システムの評価についてアドバイスを得ました。むこえ分析室の向江美緒さんにはフィールドワークでお世話になりました。

　なによりKIRO（知識イノベーション研究所）を通じてのコンサルティングやリーダーシップ・プログラムなどを通じてお世話になった多くの企業の皆様、日建設計のTeam-xの皆様にもこの場を借りてお礼を述べさせていただきます。そして大貫さん、同氏を紹介頂いた勝木奈美子さん、ありがとうございました。

　最後に、英国憲章デザイナー協会のフェロー（FCSD）でもある妻の紺野久美のアドバイス、子供たち、晃央・兼史の陰ながらの応援がなければ完成できませんでした。あらためて感謝します。

2010年11月

紺野　登

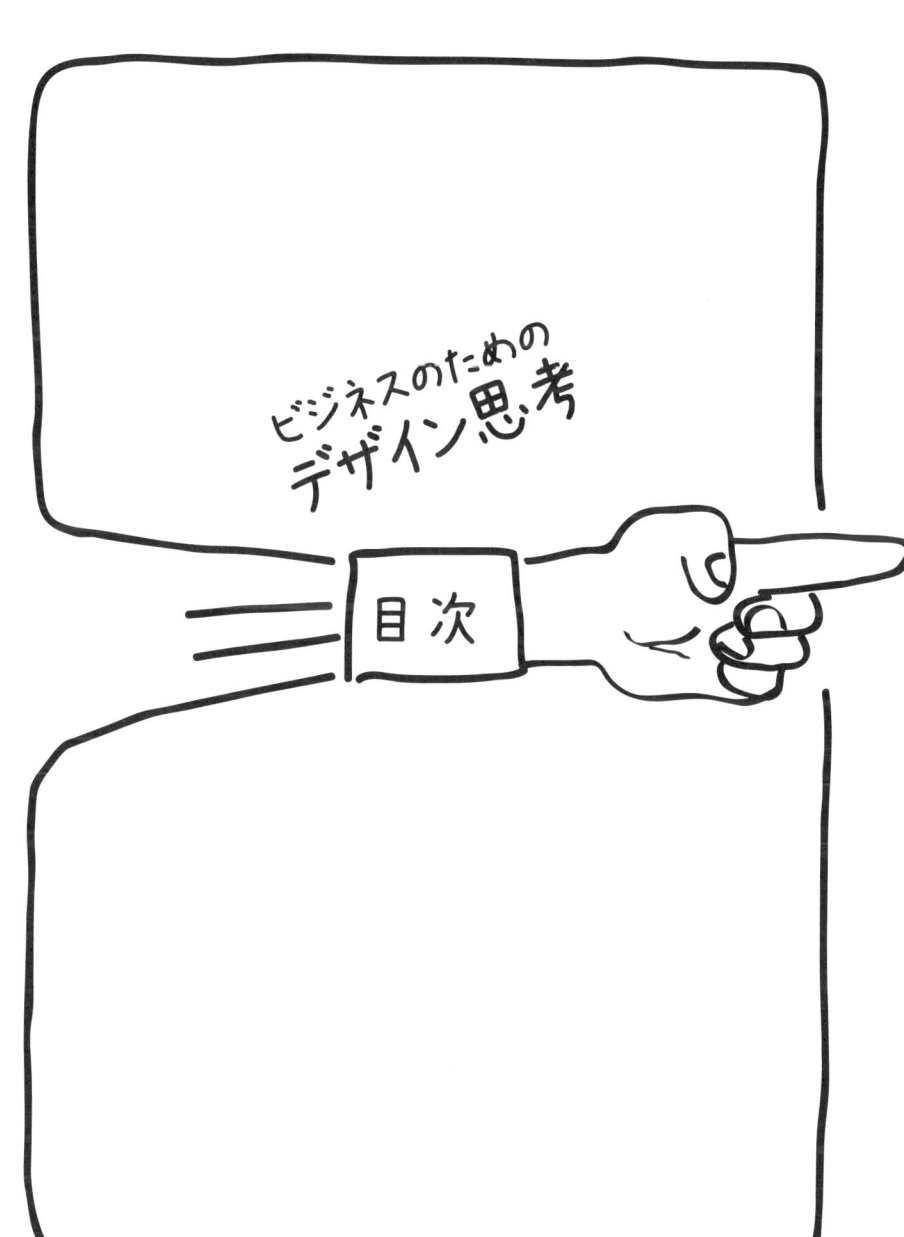

はじめに …………………………………………………… 1

PART I　知のデザインの世紀 …… 10

chapter 1　知識デザインとデザイン思考 — 12

1.1　矛盾(パラドックス)を超える知を ………………………… 12
1.2　「デザイン思考」とは何か ……………………… 28
1.3　概念(コンセプト)を生み出す直観的思考のパラダイム …… 37

chapter 2　産業社会の知となったデザイン — 50

2.1　デザインの世紀の生産システム ……………… 50
2.2　デザインの知で価値を生む企業 ……………… 64
2.3　デザイン人的資本の形成 ……………………… 75

chapter 3　イノベーションを生むデザイン・マインド — 82

3.1　本質的な価値を求めて ………………………… 82
3.2　人間的価値中心の経営へ ……………………… 91
3.3　デザイン・アントレプルナーシップ ………… 102

Innovate by Design-based Management

PART II デザイン経営の知的方法論 …… 110

Chapter 4 コンセプトをデザインする —— 112
（質的データのデザインの方法論）

4.1 経験世界からの概念(コンセプト)の創造 …………… 112
4.2 「エスノグラフィー」アプローチ ………… 119
4.3 インタラクション主義のすすめ ………… 142

Chapter 5 ビジネスモデルをデザインする —— 148
（関係性のデザインの方法論）

5.1 ビジネスモデル・イノベーション ………… 148
5.2 ビジネスモデルのパターンを知る ………… 158
5.3 ビジネスモデルを成立させる社会的知識資産 … 170

Chapter 6 シナリオをデザインする —— 176
（時間・空間のデザインの方法論）

6.1 企業の持続性の条件を考える ………… 176
6.2 「一元的」世界観の落とし穴 ………… 186
6.3 シナリオ・ベースド・デザイン ………… 190

さいごに——「場」のデザイン ………………………… 210
主なテーマ別文献案内 ………………………… 216
さくいん ………………………… 221

ブックデザイン◉株式会社ライブ

　数年前にアップルのiPodの価値はハードだけでなく、ソフトやサービスとの「三位一体」によって生まれると書いたことがあります。日本企業はこういったアプローチに弱いとも。その後同様の主張が増え、いわば「べき論」的に叫ばれるのですが（つまり頭では常識となっているのですが）、なかなか実践するのは難しいのです。実は、ここで求められる実践とはハード、ソフト、サービスを関係づけるデザイン行為そのものだと思うのです。

　20世紀の産業のキーワードは、「進歩」(progress)、分業的労働やテーラーリズム、品質管理、モノづくりといった工場やオフィスにまつわるものでした。一方最近は「デザイン思考」などといったキーワードも聞かれるようになりました。顧客との相互作用、多様な要素のネットワーク、コラボレーション、などというように価値の現場やアプローチが変化してきたのです。

　モノの生産から、人間・社会の価値生産へと重心が移動しているのです。21世紀の知識社会経済となったいまの時代の言葉とは「デザイン」ではな

知の
デザインの
世紀

いでしょうか。デザインの知を身にまとった企業や個人が新たな価値を生み出していく——すでに私たちの足下ではそうした動きがはじまっています。

これはサイエンスの分野での変化に似ています。20世紀には17世紀以来の実証科学が量子力学などの新しいサイエンスに交替していきましたが、デザインに限らず経営の世界でもこうした次なる知の変化への兆しが見えてきたということでしょうか。本質的な発想転換が必要な時期なのです。

以下PART Ⅰではデザインをモノのデザインでなく、経営の知としてとらえます。プロダクトやサービスのレベルでのデザイン思考やイノベーションを促進するスキルとしての**知識デザイン**（第1章）、

プロダクトやサービスのレベルを超えた、ビジネスモデルあるいは**価値生産システムとしてのデザイン**（第2章）、

そして21世紀の経営にとって大きな意義を持つ持続性あるいはサステナビリティの**経営にとってのデザイン・マインド**（第3章）について考えていきたいと思います。

Chapter 1
知識デザインと
デザイン思考

オランダの画家エッシャー（Escher）に「描く手」（1948年）という作品がある。2つの手がお互いの手を描いている不思議な構図だ（イラストは模写）。絵画は創造的なものだが、3次元のオブジェを2次元に閉じ込め束縛するという矛盾がある。この絵のなかの手はその固定観念を破ろうとしているように見える。固定観念を解放するにはまず手を動かすことなのだ。

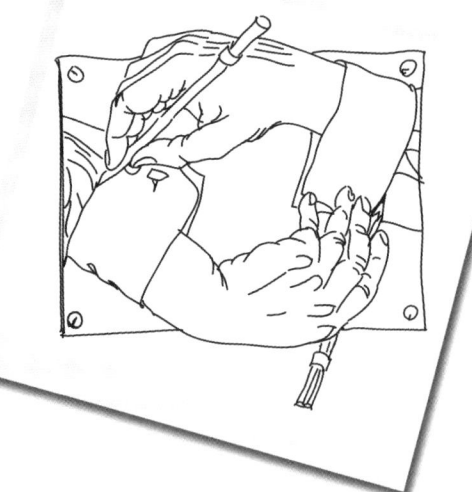

1.1 矛盾（パラドックス）を超える知を

創造的組織文化に邁進する企業

　いま読者の企業では月に何回ぐらいの「イノベーション」が起きているでしょうか。イノベーションなどという言葉を使わなくてもいいでしょう。たとえば、日々どれくらいの頻度で顧客に何らかの新機軸や新たなコンセプトが打ち出されているでしょうか。

　スペインに本拠を置くインディテックスが展開する世界最大のファストファッション（fast fashion）ブランド「ザラ（Zara）」（ちなみにファーストリテイリング：ユニクロは5位）では新商品が約2週間、最短で1週間で開発され全世界の店舗に流通されていきます。スピーディでタイムリー

な商品開発が顧客にとっての魅力を保ち在庫を小さくするという考え方からですが、それを可能にするものとしてデザインからマーケティングにわたる機能横断的でグローバルなコミュニケーションが知られています。

　こうしたファッションSPA（製造小売業）ではグローバルな研究開発チームと生産・調達、販売のチーム組織が要です。先頃訪れたシンガポールの最新のショッピングセンターに出店しているユニクロは防寒用の衣料を売っていました。赤道直下で冬物衣料を売っているのは不思議な気もしますが、シンガポールの富裕層は海外でスキーを楽しんでいて、冬物衣服は豊かさの象徴ともみられるといいます。ユニクロはすでに低価格商品の小売業ではなくて、新しいテクノロジーを次々と市場化するイノベーターと言えるかもしれません。ユニクロの商品に出会うことによってシンガポール人の発想にはなかったライフスタイル、新しいイノベーションが生まれているわけです。そのファーストリテイリングのワークプレイスもまた大変活気あるのが特徴です（紺野　2008）。

　「ネッスル」や「ペリエ」「キットカット」などのグローバルな食品ブランドを擁するスイス拠点の世界最大の食品会社、ネスレ（Nestlé）・グループは、登録メール会員に対して、毎月発売直後の新製品やリニューアル製品をプレゼントしています。同社は140年の歴史がありますが、きめ細かく消費者のニーズを先読みして新製品を導入することにきわめて熱心です。社内では社員教育、プロジェクト・チーム活動が盛んです。ファーストパック（FastPack）と呼ばれるアイデア創出のプロセスを導入するなどして，数週間で新商品企画を生み出すといった試みも行っています。日本では受験生向けの「きっと勝つ（キットカット）」という地域に目を向けたキャンペーンで話題になりました。同社は短期的な株主利益最大化には否定的で「社員こそが最も重要な資産である」という考え方に基づいて経営を行っています。

　こういった継続的組織的革新の密度は以前にまして高まっています。地域や業種も問いません。21世紀のビジネスにおいては、通常の企業活動努

力のレベルを超えた顧客価値創出活動、あるいは組織的イノベーションが優位性の源泉となっているのです。したがって究極のテーマは創造的組織への転換です。

1980-90年代の世界経済では「コストとコントロール」に強い企業と、「分析力」に強い企業が優位性を築いてきました。前者の代表は日本の製造業でした。それは高品質なモノづくり力と競争に打ち勝つための「コストとコントロール」が、比較的安定した市場でシェアを獲得するのに適していたからでした。また、この時代（80-90年代）は、分析力やロジカル思考の経営の時代でもありました。その代表は米国の金融サービス業でした。日本モデルと米国モデル。このいずれもが限界に直面してしまったのです。

これらに代わって、創造性やイノベーションの経営が不可欠になってきたのです。いまや世界中の企業が持続的イノベーションに向けた変革、つまりイノベーションの能力を持った組織への転換を余儀なくされています。

「私たちにはイノベーションの民主化が必要だったのです」と語るのはタタ・グループのタタ品質経営サービス社CEO、スニル・シンハ氏です（ビジネスウィーク誌）。小型車「ナノ」の導入で世界中の話題を集めたタタ・モータースですが、いま巨大コングロマリットであるグループぐるみでイノベーション企業への転換を図ろうとしています。21世紀に入り、タタは知識経営（ナレッジ・マネジメント）に関心を向け、知識創造理論や知識経営について学習を続けていました。背景には産業構造の変化があり、タタ・グループも、重厚長大産業からITサービスなどへの転換を余儀なくされていたのです。

タタが内部で自らTGI（Tata Group Innovation）フォーラムを開始したのもこういった背景があってのことです。TGIフォーラムは十数名の上級エグゼクティブで構成されています。目的は同グループ企業のイノベーション組織文化を醸成することでした。タタは、1980-90年代の世界企業の成長がコストとコントロールにあったこと、そして一方で今後の成長の源泉はそれらにではなく、イノベーションにあるということを確信したのです。

そこで、まず世界中のイノベーション理論の「グル（師）」と呼ばれる人々を招き、彼らから直接話を聞きました。次に米欧日のイノベーション企業を訪問し、学びました。このことで自分たちにもできるのだ、という自信が生まれました。次にごく少数のイノベーション・ワークショップを立ち上げました。そしてその数を徐々に増やしていったのです。こういったタタのイノベーション組織文化形成が世界最小の四輪車「ナノ」のようなイノベーションを起こりやすくしたことはいうまでもありません。

矛盾を超える知の方法論の要請

こういったイノベーションの時代に最も適した経営や組織の知が、デザインなのです。なぜか？　イノベーションとはそもそも通常の企業活動を超えた矛盾に満ちた活動です。AかBか、どちらか一方では思考停止してしまうような対立的な要素を、妥協することなく、現実的かつ新たな視点で結びつける努力がなければなりません。効率的生産と個客への対応、低価格と高価格、技術志向と社会志向、事業の維持と革新、効率性と創造性、管理的経営と創造的経営……といった矛盾を乗り越えなければイノベーションは起きません。こういった要素は多くが二項対立やトレードオフ（二律背反）の関係にあります。これらをいくら分析しても矛盾は解消されません。むしろ矛盾が明らかになるばかりです。

新しい結合は傍観者的分析からは生まれません。個別の現場や現実に接してはじめて切り口が見えてくるのです。だからデザインが注目を集めるのです。ただしそれは狭い意味でのプロダクト・デザインのことではありません。デザインという知を通じて人々の観点や思考が変わり、融合し、アイデアが生まれ、視覚化され、イノベーションが円滑に促進することが期待されているのです。デザインの知や方法に触れることで生まれる、**組織文化へのインパクト**が重要なのです。

デザインは通常の思考活動とは異なる「知」だといえます。人間の最も深いところにある能力、情感や身体的能力をフルに参加させる現場的「思

考」であり知識を生み出す方法論なのです。さらに、デザインは人々を創造の喜びに誘うパワーを持っています。結果的に、頭だけでは解決できない問題の矛盾を超えられる可能性があるのです。

　企業の営利活動だけではありません。現在世界中でさまざまな社会的革新、つまりソーシャル・イノベーションがソーシャル・アントレプルナーなどと呼ばれる新興ベンチャー企業やNPOなどによって叫ばれています。多くが難しい矛盾を抱えた解決困難な複雑な問題を対象にしています。それらは社会内部の、あるいは現実と理想の矛盾です。たとえば水や食料などの問題をいかに解決するか。貧困地域の水問題を解決するには、地域共同体や住民の意識など現場の現実の理解、それに見合った手段の開発、さらに人々の行動や社会的システムの革新が求められます。そこにデザインが役割を見いだしているのです。

　発展途上国の課題をデザインで解決しようという試み「世界を変えるデザイン展」（発展途上国に存在する水、食料、エネルギー、健康、教育などの課題をデザインで解決することをテーマに2010年5-6月に東京で開催）などのイベントは大変大きな関心を呼んでいます。こうした「サステナビリティ」に向けた活動は、現在デザインが最も活躍する余地の大きい領域（フィールド）のひとつではないでしょうか。

世界を変えるデザイン──IDEの足踏み式ポンプを使った地域開発デザイン（バングラデシュ）
提供：IDE（International Development Enterprise）

　イノベーションのかけ声と実践には距離があります。トップダウンで経営陣やコンサルタントがイノベーションを起こせ、アイデアを出せと号令をか

けても何も起きない事例をよく耳にします。ところがボトムアップ型も容易ではありません。大方の期待とは裏腹に、社員が隠れた思いをもっていて、機会があれば自発的に革新や創造を起こす、というわけではないのです。経営者はそこに入り込んで、潜在的な革新への思いに火をつけ、引き上げていかねばならないのです。かけ声でなく、そのような自覚的な場──組織文化──を創らねばならないのです。

そこに、デザインのような創造的アプローチが埋め込まれるべき余地があります。ちょうど「北風と太陽」の寓話と同じように、ポジティブな組織文化を生み出していくためにデザインは有効だといえます。

イノベーションを促進する場

『ビジネスウィーク』誌が毎年発表する「世界で最もイノベーティブな企業」の2009年度の上位に挙げられたのはアップル、グーグル、トヨタ、マイクロソフト、任天堂、IBM、ヒューレット・パッカード、ノキアなどで、いずれもデザインとの関わりが強い企業です。タタや化学企業のリライアンス・インダストリーズなどインド企業も15位までに登場するようになりました。こうしたなかでも独自のイノベーションとデザインを深く活用してきたのは米P&G社（Procter & Gamble：プロクター・アンド・ギャンブル）でした。

「ジレット」ブランドの髭剃りや「クレスト」歯磨き粉など数多くのブランドを世界で展開するP&C社は、2000年から9年間にわたりCEOを務めたA・G・ラフリーのもとで「コネクト・アンド・デベロップメント」（Connect & Development：C&D）というオープン・イノベーション手法を確立し、社内外の知識を活用してきました。

C&Dとは、社内外の知識を統合し「よりよく早く安く」製品・サービスの開発を行う考え方です。伝統的R&D（研究開発）と大きく異なるのは、社内の研究所から産み出される知識に加えて、個人、大学や企業をネットワーク化して巨大な知識プールを自社の開発に取り込む点にあります。年

間売上げ800億ドル超の巨大企業となった時点で、持続的な成長を続けるには社内の知識の活用だけでは限界があると認識したことが背景にあります。

オープン・イノベーションについては依然賛否両論がありますが、P&Gは創業1837年、2008年フォーチュン・グローバル500で純利益ランキングで世界39位という老舗企業です。その試みの意義は大きいといえます。一方で同社は社内での徒弟制的な人材教育にもこだわっており、外部と内部の知のバランスがカギとなっているといえます。

消費者製品を多く持つP&Gにとって当然デザインは生命線です。ただし、それは単に見た目のデザインというよりも、イノベーションの組織的知の方法論としてのデザインだといえます。同社の本社近くに「イノベーション・ジム」と呼ぶ「場」を設け、社員や顧客を呼び入れ、イノベーション・サービス会社のイデオ社（IDEO）にもサポートを頼み、ワークショップを通じてイノベーション・アイデアを生み出す努力などをしてきました。トップ主導でワークショップを開くなどイノベーション組織文化を醸成しようと務めてきたのです。

結果、ハズボロー社と組んだ子供向けのメッセージが直接印刷された「プリングルズ」ポテトチップスなどのヒット商品や、フロアクリーナー「スウィッファー」の他社とのブランド提携によるマーケティング・モデルなどが生まれてきました。「スウィッファー」のハンドワイパーへの展開は、日本のユニ・チャームのハンドワイパー製品「ウェーブ ハンディワイパー」を転用したものです。こういった活動に対して『ビジネスウィーク』誌は2007-2008年、同社を「世界で最もイノベーティブな企業」のベスト10にランキングしました。

デザインで変革を試みる日本企業

日本企業も一部ではすでにさまざまなデザインの知を活用した

試みをはじめています。とくに各社の研究所における組織革新は重要な課題でしょう。市場や顧客、ビジネスと乖離した研究所の実情を深く認識して、従来の「工場文化型(ファクトリー)」研究所から、イノベーションの文化に転換しようと、新たな試みを画策しているとみられます。いかに経営変革のための知の「場」をデザインするかも課題となります。

【富士フイルム先進研究所】

富士フイルムは研究所という場の移転プロジェクトを組織文化醸成の機会として効果的に活用しました。同社が研究開発の中核として2006年4月に開設した「富士フイルム先進研究所」(神奈川県開成町)には、一風変わったコーナーがあります。

デジタルカメラの普及で急減したフィルム市場などを目の当たりにして、イノベーションへの気運が高まっていたのはいうまでもないでしょう。「融知・創新」をキーワードに研究所の再編が行われました。そこでデザインが触媒になったといえます。まず新研究所棟の場づくり。従来分離していた複数の研究所を集約し、交流のできる空間を用意しました。新研究所のコ

富士フイルム先進研究所：「ナレッジカフェ」(左) と「タッチゾーン」で生まれた「技術のオブジェ」(右上)
(提供：富士フイルム)

ンセプトは研究者自らがチームとしてリードしました。核になったのは知識創造プロセスの具現化です。もっともこだわったのは「ナレッジカフェ」(交流の場)や「タッチゾーン」(技術の肝にプロトタイプを通じて触れる場)などと呼ばれる、組織内で技術者の研究内容を共有する場でした。「タッチゾーン」づくりのためにはデザイン部門が積極的に協力しました。これは各研究者が自分の研究内容を中間成果物としてビジュアルやモデルなどのオブジェ(作品)として提示する試みです。

　タッチゾーンは研究所開設後も継続的活動になっています。もちろん研究者が簡単にオブジェを創れるわけではなく、そこでデザイン研修を事前に行います。たとえば街を観察し、グループでアイデアを出しながら、カタチにする(プロトタイピング)などの方法をデザイナー主導で伝授。研修に参加した研究者は、新たな試みにとまどったりしながらも他領域の研究者と対話しはじめ、これを通じて社内の知識資産の融合が進んでいくのです。こうして同社ではギャラリーに展示されたオブジェを皆が見たり触ったりすることで、さらなる組織横断的な知の交流が行われています。

【日立製作所デザイン本部】

　2010年に100周年を迎えた日立製作所のデザイン本部は、50年以上の歴史を持つデザイン部門です。21世紀に入って、彼らは、かつての白物家電

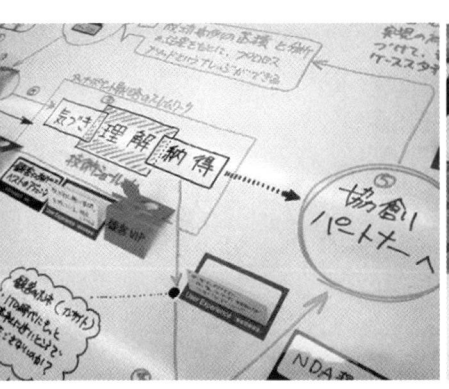

日立製作所デザイン本部のBusiness Origami
(提供：日立製作所)

中心のモノづくりのためのデザイン部門から、日立グループのイノベーションの「ハブ」となるべく自己革新を推し進めてきました。大澤隆男本部長が「ソーシャル・イノベーション・デザイン」を標榜し、モノのデザインとは異なる、「経験デザイン」（ユーザーがいかに製品やサービスを利用するかという過程やそこで価値を感じる出来事をデザインすること）を打ち出しました。そしてそのためのプロセスや顧客との対話の方法論の開発、さらに場の創出（同部門のオフィス移転）を行ってきました。

彼らのデザインの対象は、無形の概念やシナリオにも広がっています。そのためにはデザイナーだけでなく、さまざまな専門家や関係者との対話の場のデザインが基本となります。そこで、「Business Origami：ビジネス折り紙」など独自の思考支援ツールの開発を行い、イノベーションのためのデザインを実践しています。「Business Origami」は想定されるサービスやビジネスモデルを構成する要素を、ヒトや建物などのコマで表現し、それらの役割や関係性を記述しながらゲーム感覚で検討できるツールです。

【日建設計】

「東京スカイツリー」などの設計を手がける世界最大手の設計事務所、日建設計では、従来の建築設計サービスにとどまらない、ユーザー視点に立った、建築空間における経験デザインの提供を試行しています。そのために設立されるプロジェクトはTeam-xと呼ばれていますが、ハードの与件を考える設計チームと協業して現実的コンセプトを提言するグループ内外のメンバーで結成されるタスクフォースです。

背景には、施主の事業環境の変化や複雑化、建築物（ハードウェア）に限定されない経営的観点からのデザイン・サービスなど要求の高度化、建築設計サービス自体の多様化などがあります。施主側も十分要求仕様を描けないほど建築設計サービスを取り巻く環境は複雑化しています。そこで岡本慶一社長は「プロフェッショナル・サービス・ファーム（PSF）」を標榜して時代の変化に対応しようとしています。

日建設計Team-xによる
フィールドワークの一シーン
(提供:日建設計)

ちなみに法律事務所をはじめとするPSFのパートナーを支援するMPF社が発行した2007年レポート「The MPF Global 500 Annual Report 2007」によれば、世界の上位PSF100社のうち17社がいわゆる「デザイン(設計計画プランニング、エンジニアリング)」部門として、大手設計事務所、デザイン事務所、建築エンジニアリング、環境サービスなどの企業によって占められています(同社は全体の285位)。設計事務所の事業も新たな段階を迎えているのです。

Team-xの役割は、将来的な社会や経済の変化、消費者やユーザーの視点からデザインの方向性を導き出すことです。そのために、①シナリオ・プランニング、②フィールドワーク(エスノグラフィー)などの質的研究方法論(PART II 参照)、③世の中から見た自社の状況等ブランド的観点(ソーシャル・マッピング)を交えて、施主と緊密な関係を築きつつ、共に方向性やコンセプトを策定していくのです。その過程で、施主が、想いはあってもなかなか言葉にできない要件や、あるいは施主自身が気づいていないけれど重要な知見が引き出されます。これらをまとめて、ユーザーがその建築空間や都市でどのような経験をするかを想定してデザインされます。それがハードとソフトをつなぐ媒介になります。これまで大学のキャンパスや、都市開発、金融機関の店舗などのデザイン方向性提案をこのアプローチで行ってきました。

工業社会の工業デザインからの転換

一般にデザインといえば、グラフィック・デザインなどの色やカタチ、あ

るいはプロダクト・デザインやインダストリアル・デザインなど「モノ」のデザインを連想しがちです。しかし、これらは基本的には20世紀に主流だったデザインだといえます。20世紀は工業社会の世紀であり、工業社会に最もふさわしいデザインとして、プロダクト・デザインやインダストリアル・デザインが台頭しました。しかし、21世紀に入って、デザインの概念も方向も大きく変わってきているのです。

　今、私たちが関心を持つデザインは、20世紀のデザインとは「非連続的な連続」といってよい、**「経験」や「コト」づくりのデザイン、あるいはコトの中にモノや技術を埋め込む知の方法論**なのです。

　最近確かにデザインは話題になっています。しかし、よく見れば、実際にはモノのカタチがいいからモノが売れているということではないのです。よいカタチのグッドデザインであることは成熟した消費者には必要条件といえますが、**実際消費やビジネスを導いているのはテクノロジーの価値**という場合が多いのではないでしょうか。ハードな製品デザインの善し悪しが本当に消費を引っ張っている（デザインの美しさだけで人々がモノを買っている）とはいえないと思います。たとえば、携帯電話などでは消費者がデザインで選んでいるという調査結果があります。しかし、それはすでに特定の技術やシステムが前提にあるからで、テクノロジーとは独立にデザインが優位な商品選択要因になっているとは考えにくいのです。iTunesもiTunes Music StoreもないiPodのような商品には魅力がないでしょう。

　しかし逆に、**テクノロジーだけでは魅力ある製品やサービスにはなりません**。技術知があっても市場知（顧客知や社会知）がなければうまくその優位性を引き出し組み合わせて価値を生み出すことはできないのです。それらをつなぐのが本来のデザインです。デザインとエンジニアリングのハイブリッド化、融合が21世紀のビジネスの成功法則なのです。テクノロジー側はデザインのこういった面を吸収すべきだし、デザイン側は、こうした新たなデザインの意味に気づかねばならないのです。

> 「本当にいいデザインにしたければ、製品を『理解する』ことが必要だ。それがいったいどんなものなのか、真にグロク（共感して完全に理解）しなければならない」
> スティーブ・ジョブズ
> （ワイアード・ニュース　2005年5月16日）

　アップルのCEO、スティーブ・ジョブズにとっては、デザイン以上に意味を持つものはありません。それは当然表層的なデザインのことではなく、「人間の創造の根本にある魂（ソウル）であり、それ（デザイン）が最終的には製品やサービスの表層にも立ち現れてくる」というのです。つまり、表面でデザインを評価するのは「ベニヤ板」を見ているようなものだと。内面のコンセプト、それに沿って関係付けられた技術的要素、部品、ソフト、システム、さらにはサービスやそのモノを通じて私たちが経験する使用スタイルなどが多層的に、内から外へと重なり合って、カタチを得て最もふさわしい状態となったとき、よいデザインというのです。本質的には**カタチがなくてもデザイン**なのです。

　ゲーム産業やアート＆エンターテイメント、スポーツ、映画産業など、いわゆる創造産業にとってはこうしたカタチでないデザインが肝です。見た目での美しさ（ビジュアル・イメージや審美性）もさることながら、ユーザーに与えられる経験、感動がデザインされていることが価値を左右するのです。たとえば「ゲームデザイン（game design）」という言葉は、ゲームの内容やルール、プロット、などゲーム世界の全体のデザイン行為を意味しています。ゲーム・ソフトだけではありません。スポーツ・ビジネスでもゲームデザインは重要な概念です。リーガ・エスパニョーラ（スペイン・リーグ）で好業績を挙げるFCバルセロナ（FC Barcelona）の重要な戦略上のコンセプトは「スペクタクルなサッカー」です。興奮に満ちたサッカー、フェアプレー、スター選手によるチームの、攻撃的でサプライズのあるゲームデザインを実現することが彼らの真骨頂なのです。

矛盾に満ちたデザインの知

　デザインを手放しで礼賛しているように聞こえますが、一方でデザインは矛盾に満ちた存在でもあります。そこで「デザインの定義」が問われます。だからといって、矛盾を整理して、わかりやすい一意的な定義にすべきだとも思われないのです。どんどんと変化するのがデザインの本性でもあるからです。

　デザインは、本来、単に美しいものを創ること、いわゆる審美性の追求だけが目的ではありません。むしろ、これみよがしに目立つもの、「デザインされた」ことがわかるもの（デザイナーの主張や企業の意図が見えすぎるもの）、格好のよいもの、がよいデザインとは言えないのです。効果という点でも、単に美的な印象を人々に与えることだけが狙いではありません。ときには、ユーザーに不快感や否定的感情を与えて誤用を防止するとか、存在を消すとか、ユーモアを誘って難しい機能に親しみをもたせるとか、さまざまな人間の感情や身体（こころやカラダ）とのインタープレイ（遊動）が仕掛けられているのがよいデザインといえます。

　デザインは20世紀以来、産業や経済・経営に大きなインパクトを与えてきました。しかし、それはその矛盾した性格にも大きく依存していました。20世紀初頭に、大きな社会的文化的運動となった「アヴァンギャルド・アート」（avant garde art：前衛芸術）が消費社会にデザインを登場させる契機となりました。アヴァンギャルドは革新的芸術をつくり出そうと既成概念や形式を否定したパワフルな運動でした。イタリア未来派、ロシア構成主義、ダダイズム、シュルレアリスムなどが有名です。

　こうした経緯からデザインには、

> ## de=sign：デ＝サイン
> 従来の記号（sign）の否定・分解（de）を意味する

という解釈も生まれました。従来の社会や文化のしがらみを批判して、い

ったん記号に分解（破壊）し、新たに組み替える（創造）。既存の事物を記号に分解、再構成するといった考え方です。ちなみに接頭辞de-には「分離」「否定」「削減」「逆転」「悪意」「完全」などの意味があります。

　ところがアヴァンギャルドなどのアートは産業社会を批判する部分を持ちながら、他方では大衆社会にアピールする力も持っていたのです。当初のデザインは、アートの力を借りて、モノの形や色で消費者の欲望を喚起することが主な役割のひとつでした。ちょうどGM（General Motors）などの20世紀的大規模製造業の台頭と歩調を合わせるようにして、こうした近代デザイン運動の中から、工業型産業社会に活用される「武器」として「産業デザイン」が生まれ出ていったのです。GMの発明である「モデルチェンジ」は、動的陳腐化戦略とも呼ばれ、それまでの車の見た目のデザインを古く見せることで、新しいモデルに人々の関心を誘いました。デザインは価値の破壊と創造と大衆迎合というジレンマを内に持っていたのです。

　このようにデザインは消費、欲望喚起の拡大の先兵でもありましたが、しかし、いつの間にか（その逆の）サステナビリティのためのデザインといった顔もアピールするようになりました。常にこうした矛盾した側面を持ちながらデザインは発展してきたのです。そしてデザインについての多様なイメージも産み出されてきました。

　本書では経営にとってのデザインについての重要性をテーマにしています。もし読者が経営者的あるいは活用者の立場にあるなら、こういったデザインの歴史や経緯を知り「目利き」にならなければならないでしょう。逆にもしデザイナーなどデザインする立場にいるなら、企業が「デザイナー（のエゴ）に殺される」というよく知られた名言を自覚しておかねばならないでしょう。

　世界的デザイナーで桑沢デザイン研究所所長の内田繁氏は、あるシンポジウムで、現代のデザイナーの性向の背景にあるアヴァンギャルド概念の

存在を指摘しました。デザイナーは他と違うもの、目立つもの、先鋭的なものを創れと教えられてきたことがデザインしすぎるという問題にもなっているというのです。ソニーのマーチャンダイジング室長を務めた渡辺英夫氏（故人）は、かつてドイツのデザイン界の重鎮、ディーター・ラムス率いるブラウン社（Braun）のデザイン戦略を評して「芸術品」と言ったことがあります。見た目には美しいが、それにこだわって技術の変化を取り入れられず、結局オーディオなどルーツだった事業を縮小していった経緯をいっているのです。スライドで見せられる素晴らしいデザイナーの作品や空間も、実際に使ったり経験したりしなければわからない、ということは多々あります。答えもひとつではないのです。

デザインの知のエッセンスとは

　表面上さまざまに見えるデザインにも普遍的な部分があります。私たちは、デザインを通じて従来の認識をいったん「破壊（de-sign）」し、物事を多様に関係し合った要素（記号：sign）の集合として再認識します。次に、それらを綜合（シンセサイズ）していきます。デザインはこのような**知の方法論（メソドロジー）**なのです。それが、21世紀に私たちが抱える矛盾に満ちた状況や多様な問題を乗り越え、人間社会やサステナビリティのためのイノベーションを生み出すのに役立つ可能性を持っているといえるのです。

　21世紀は、私たちが20世紀に経験してきたさまざまな、しかも相容れない多様な価値観が山積して世界が形成されている**アポリア**（一つの問いに対し矛盾する結論が出る行き詰まり）の時代です。それは私たちの日常にまで及んでいる深い問題でもあります。そうした中で、ありきたりのフレームワーク思考を超えることのできる、個別具体性からのデザインの問題解決力は大きな意味を持っています。それは企業活動全般にもいえることでしょう。今求められているのは一般的普遍的原理から特殊を扱う「上からの思考」でなく、個々の特殊から本質を考える「下からの思考」なのです。

また、デザインの過程は絶え間ない対話の連続です。ただし対話だけに終わってはならないのです。そこでは常に理想と現実を行き来して、実際に役立つこと（プラグマティズム）が重視されます。こうしたデザイン思考あるいは「知識デザイン」の方法論を身につけるのが、21世紀の企業のひとつの姿だともいえるのです。

1.2 「デザイン思考」とは何か

デザインの知のディコンストラクション（解体）

デザイン自体の変化は、21世紀になってますます明らかになってきました。図にあるように、20世紀の経営に支配的だった分析的あるいは決定論的な思考に対する、新たな思考を象徴する言葉が「デザイン」だといって

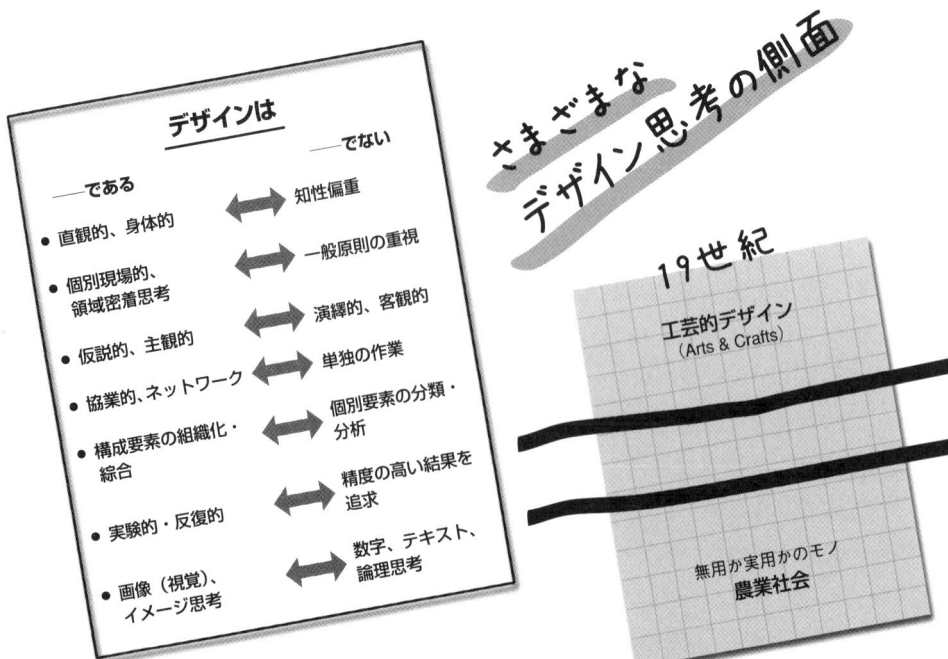

いいのです。ここでいうデザインとは、20世紀の工業社会の「工業デザイン」（インダストリアル・デザイン、産業デザイン）の延長線にあるのではなく、21世紀の**知識社会の知識デザイン**（Knowledge Design）と呼ぶべきでしょう。それはデザインの意味自体を変えること、別の言葉でいえばディコンストラクション（脱構築：deconstruction）です。フランスの哲学者、ジャック・デリダが唱えたこの考え方は、閉塞した状況を打ち破るためにその前提になる枠組みを揺さぶり、新たな構築を試みるアプローチです。

最近よく聞かれるようになってきた「**デザイン思考（design thinking）**」という言葉は、このような知識社会のデザインの典型だといえます。デザイン思考という言葉で、デザインの核心にある、直観的で綜合的な思考を説明しようとしているのです。

また、21世紀になってから、イノベーションに対する根本的な視点の変化も生まれています。それは、イノベーションは技術中心でなく、「人間中

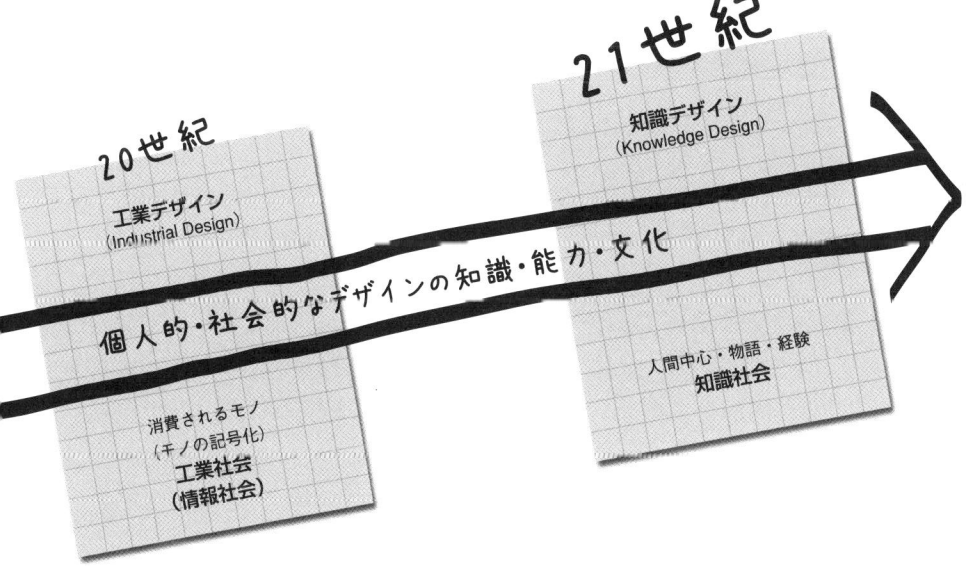

心（human centered）」だという認識です。そのために不可欠な方法論がデザイン思考や知識デザインだといえます。イノベーションは、人間社会に表出したさまざまなギャップの発見と解決への意志から生まれます。とくに社会的弱者が抱えている問題は、広く社会が持つゆがみやきしみの兆候で、これを解決するような（そして新たなビジネスとしてデザインする）視点が、本質的イノベーションに結びついていくと考えることができます。

デザイン思考のエッセンスとは

　まとまった書籍の形態で最初に「デザイン思考」が提示されたのは、今から20年以上前の、ピーター・G・ロウ著『デザインの思考過程』（原題：*Design Thinking*, 1987年初版）という建築デザインの本でした。ロウはそこでさまざまなデザイン思考の類型化を試みています。

- たとえば古典的なデザインの知のモデルとしては、人間の頭の内部に生まれる印象が結合を繰り返して一定のアイデアが形成されていくという考え方（「観念連合」）などがあります。
- 一般的な「アイデア発想のプロセス」――これらに沿えば、まず多くの印象データを収集し、アイデアが生成するまで努力することが重要となります。
- 「情報処理理論」がデザインの思考をうまく説明できる場合もあります――まず問題を明確に表現し、その解決のために情報の生成過程・情報操作を行う。わかりやすい例としてはパズルの解法や、問題を体系的に分類してから再構成するといった方法があります。
- より魅力的なのは「発見的手法」です。これは探偵のように、どのように問題を解くべきかが不確実なときに、さまざまな仮説やストーリーを立てながら問題を意味づけていく方法です。
- また、他の事物の意味やカタチの「アナロジー」（類推）からアイデアを生み出したり問題を解決する方法もあります。

しかし、これらのパターンはばらばらに存在するのでなく、デザイナーの活動に沿った思考過程として一連の共通したプロセスを辿っていきます。そのエッセンスは次のようなものです。

デザイン思考のプロセス

1）まず、その対象にまつわる何らかのエピソード（挿話あるいは物語り）をいくつか直観的に仮説する。それはデザイナーの脳裏に視覚的にすぐさま表現できるものである。
2）続いて、関係する周辺の事物や情報への強い関与、人々との対話によってそのエピソードを修正しつつ、ある一定の「理解」を形成する。デザイナーはその身体、感覚、知性のすべてを使ってユーザーを観察したり、形態の解決を進めようとする。それは言語によっても表現されるが、全体像はやはり視覚的である。
3）全体のプロセスはスムーズなものではなく、デザイナーはしばしば原点にまで立ち戻る。
4）最終的には物理的な解決に達するが、これは、対象にまつわる諸々の要素または知識を、審美的・伝統的・文化的・社会的システムに沿って、暗黙的に組織づける行為である（これらのエピソードやシステムの豊富さは、そのデザイナーの資質、知識、経験に限定される）。
5）これには終わりはなく、コミットメントの続くかぎり創造は続いていく。こういったプロセスを通じて、要素間、組織間の調整、結合、概念の視覚化といったデザイナーの知の効用が生まれてくる。

これが示すように、デザイン思考とは本来的に視覚的(直観的)思考ではありますが、必ずしも図を描いたりカタチを創ったり組み合わせたりすることが必須ではありません。また、「思考」とは言っていても、頭の中(大脳新皮質)だけで起きることではなく、現場やモノ、人との対話を通じて行われる、身体的で実践的な思考です。机上では、あるいは分析によっては解決できない、本質的問題解決の知恵なのです。

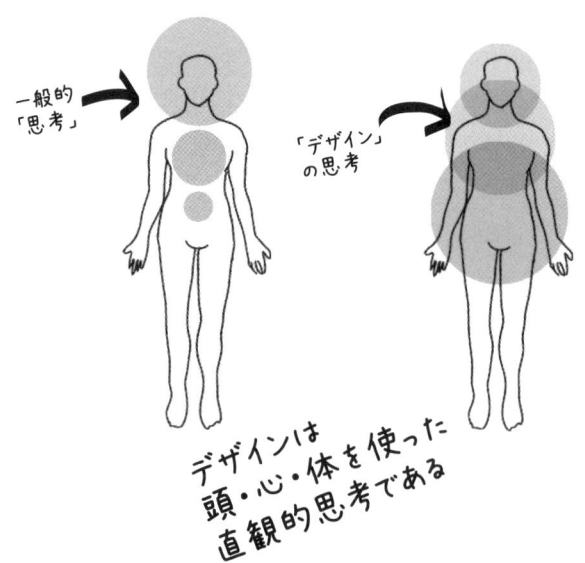

　デザイン思考とは**顧客と主客一体となった「場」**で、直観を活かして相互作用的に個別具体の諸要素の関係性を創出し、それらの要素を時間・空間のなかにダイナミックに**組織化(形態化)**していくプロセスであるといえます。

　同時に、忘れてならないのは、こういったプロセスを経ながら、答えが数式や文字によって示されるのでなく、私たちの情緒や身体に訴えかけるイメージや印象、アイデア、ビジョン、モデルや物語として、かつ個別解として産み出されるということです。これは分析的アプローチができるだけ客観的に情報を分析し、マニュアル的でデジタルな一般解的な答えを求めようとするのとは決定的に異なる点です。

知識デザインのモデル

　ロウなどが示したデザイン思考を形式化したのが知識デザインのモデル

（図）です。現場での、①**直観的な仮説の形成 → ②諸要素を組織化したコンセプト（概念）の形成 → ③目的と現実を結びつけるモデル（プロトタイプ）の形成**、という3つのフェーズからなっています。それは知識創造プロセスと、場における身体的・感情的相互作用の融合です。

　知識創造は、暗黙知と形式知の変換からなるプロセスです。（1）現場での身体／環境との相互作用の中で営まれる「共同化（暗黙知獲得）による仮説推論」、（2）「概念の創出（表出化）」、（3）「モデル形成（連結化）」、そして（4）知の伝達と実践（内面化）を通じて知識が創造される、というのが知識創造理論です。これについては『知識創造の方法論』（野中、紺野 2003）において展開しており、本書では詳述はしませんが、この知識創造プロセスを横糸にしながら、縦糸にデザイン特有の要素を強調したのが図に示した知識デザインのモデルなのです。

　ここでいうデザイン特有の要素とは、現場における顧客やモノ（人工物）との関わり、環境との身体的・情緒的関わり、エピソードやコンセプトの

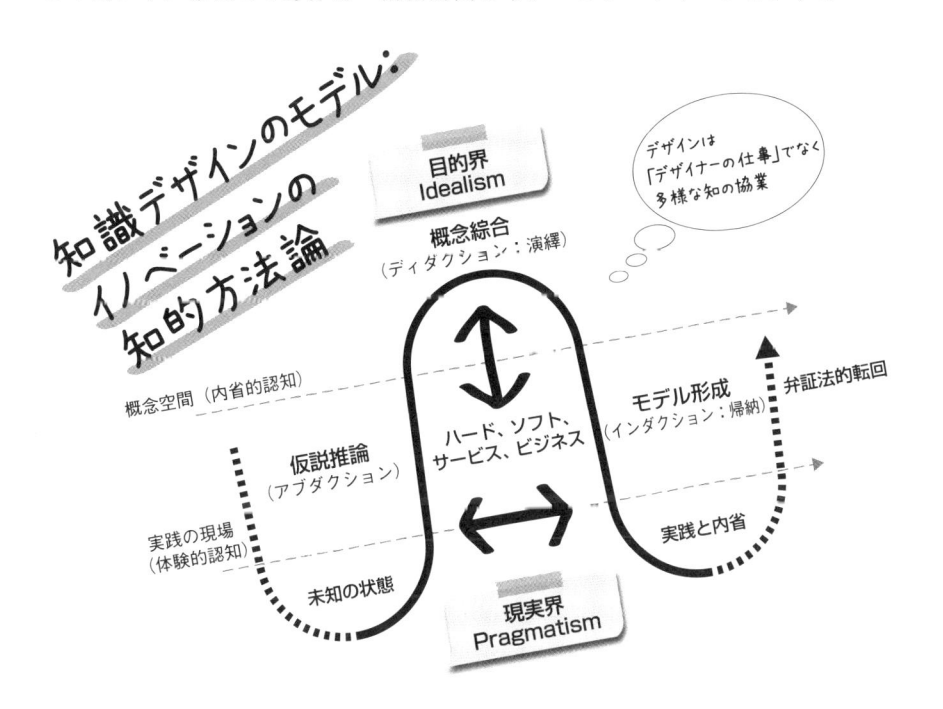

知識デザインのモデル：
イノベーションの
知的方法論

目的界
Idealism

概念綜合
（ディダクション：演繹）

デザインは「デザイナーの仕事」でなく多様な知の協業

概念空間（内省的認知）

仮説推論
（アブダクション）

ハード、ソフト、サービス、ビジネス

モデル形成
（インダクション：帰納）

弁証法的転回

実践の現場
（体験的認知）

実践と内省

未知の状態

現実界
Pragmatism

抽出、プロトタイプやモデルの創出、構成要素の組織化（世界制作）など、人間（身体）とモノと環境のさまざまな相互作用（インタラクション）を意味します。

　そしてこういったプロセスを弁証法的に繰り返していくのです。この過程では、私たちはアブダクション（40ページ参照）など直観的仮説推論を用います。さらには演繹や帰納といった推論も総動員して、顧客価値を軸に事業や製品の概念を生み出し、その具現化のために求められるハード、ソフト、サービス、ビジネスを組織化し、評価していくのです。

なぜ知識デザインがイノベーション・プロジェクトに有効なのか？

　こうしたデザインの知の最も重要な意義は「仮説創造の知」あるいは、仮

やまざきゆにこ氏による
グラフィック・ファシリテーション

説推論の知ということです。仮説は何より重要です。それは分析を徹底的に行ってから論理的に問題を解決していくというアプローチとは対極にあるものだからです。

新製品開発プロジェクトでも機会探索型プロジェクト(リサーチ)でも、タスクフォースやチームが分析作業に多くを費やすのでなく、早期において当事者が協業してコンセプトや事業のひな形（仮説やプロトタイプ）を創ることは有効です。そのために、デザイン思考つまり知識デザインの方法論をチームが共有し、駆使することで迅速に「たたき台」を創ることができます。あるいは「いち早く失敗できる」（early failure）という「効用」があります。それを土台にさらに試行を繰り返していくことができます。コスト的にもはるかに効率的です。

デザインはモデルやプロトタイプのような、具体的で目に見えるアウトプット（情報・知識）、つまりビジュアルな絵や人工物を副産物として生んでいくのが特徴です。一方、私たちが何かイノベーションを産み出そうというときには、絶えざる試行錯誤が不可欠です。デザインはその試行錯誤を助ける最良の方法なのです。

たとえば、「グラフィック・ファシリテーション」といったデザイン手法があります。プロジェクト・チームなどの議論を次々と絵にしていくのですが、自分たちの作業内容を内省し、フィードバックするのに大変有効です。議論が進行する脇で、壁に模造紙を貼り、グラフィックファシリテーターが一人黙々と絵筆で言葉とイラストを描きとめていく。こうしたプロジェクトの風景が日常的に見られるようになってきました。さまざまな議論を「描き取り」ながら、モヤモヤとした議論の流れを視覚化し、会議のコンセプトを大胆に抽出する。頻出するキーワードを拾い、言葉では補えないイメージを絵にする。それは単なる議事録ではなく、会議が沸騰したり、沈黙したりする雰囲気まで絵にすること

で、議論の最中には見えなかったものに気づくこともあるのです。

　同時にこうした知識デザインの場では、単に担当チームやワークショップ参加者がクローズドで作業するのでなく、他の部門や外部とのネットワーク（人間関係）を築いていくことにもなります。その効用が大きいのです。

　当然のことながら、プロジェクトでは顧客の現場にも赴かねばなりません。おそらくデザイン的なアプローチで最も重要な行動面の違いは、現場に立った発想や発見という点でしょう。いくら机上でデータを分析していても出てこない気づき、驚きがあるのです。

コンセプトをデザインする：現場観察をもとにアートスクールの学生とコラボレーションする経営大学院生

　そして今度はそれをもとにプロトタイプを創る（プロトタイピングする）。たとえば何らかのモデルや物語、あるいは模型や簡易な装置などの場合もあるでしょう。そしてそのプロトタイプをもとに、再び現実界に向け、コラボレーションをすすめ、フィードバックを得ながら、より実践的なモデルを作成していくのです。

　デザインの役割は、このように知を結びつけ、新たな仮説やアイデアを生み出していくところにあります。知識デザインは、「目的界」（プロジェクト

の上位目的である組織の戦略目的やビジョンなど高邁な意味や意義）と「現実界」（個別具体的な現地現実現物）を相互に行き来する知的運動です。まず顧客や関係者の実践の現場に密着し、体験的認知によってデータを身体化し、そこから対話や仮説を生み出す。さらに、プロジェクトのより大きな目的に照らし合わせて内省し、狙いとする概念へと綜合していくのです。

1.3 概念(コンセプト)を生み出す直観的思考のパラダイム

デザインの知の真髄としてのアブダクション（直観的仮説推論）

　一般的に「思考」といえば左脳や大脳新皮質的な論理的思考をイメージします。これとデザインが大きく異なる点は、身体や感情（情感）が大きな割合を占めること、分析的思考とは異なる流れを持つことです。何よりもデザインは直観（intuition）がフル活用される思考です。直観とは直接的な知覚による事物のアクチュアルな観察から得られるものであり、眼をつぶっているときに脳裏に生ずる感覚（内的直観や直感、連想）などとは異なるものです。

　人間は五感や直感を用いて、当てずっぽうでいろいろ感じたり行動したりしますが、そこにはある種のロジック（推論）が存在します。直観的思考とは直接的な本質の把握、仮説推論の知（アブダクションabduction）ともいえます。ただしその仮説はデータ分析の過程で出てくるような「仮定」思考レベルのものではありません。現場・現実の、とくに人間や世の中の機微を踏まえた上で出てくるような、本質的で、しばしば飛躍的な物事の把握といっていいでしょう。

　一言でいえば、探偵の方法、つまりシャーロック・ホームズのような方法です。それは分析を徹底的に行ってから論理的に問題を解決していくというアプローチとは対極にあるものです。演繹（ロジカル・シンキング）や帰納とは異なる思考法、推論です。

たとえば以下に挙げるのは有名なホームズの推理の例です。ホームズはまずちょっとした兆候からワトソンが郵便局に行ったと直観的に観察します。次に、ある「事実（午前中手紙も書いてないのに郵便局に行った）」からワトソンの目的は「郵便局で電報をうつこと」と仮説推論しています。こういった観察から推論までの過程がアブダクションと考えてもいいでしょう。

(ホームズ)「たとえば観察は僕に、君がけさウィグモア街郵便局へ行ったことを知らせてくれるが、そこで君が電報を一本うったことを教えてくれるのは推理のほうだ」

(ワトソン)「あたった！　両方ともあたった！　しかし、どうしてそれがわかるんだい？　けさは急に思いたって、誰にもいわずに出かけたのにね」

(ホームズ)「簡単そのものさ。説明を要しないほど簡単なんだが、観察と推理との限界の説明には役にたつだろう。観察によれば、君の靴の甲には赤土がすこしついている。ウィグモア街はこのごろ敷石をおこして土を掛りかえしていて、局へ行くには必ずそのうえを踏んで通らなければならなくなっている。この妙な色の赤土は僕の知るかぎりでは、ほかで見られない色だ。ここまでが観察で、これからさきが推理になる」

(ワトソン)「それで、電報をうったとわかったのは？」

(ホームズ)「けさはずっと君と向いあっていたけれど、手紙を書いた様子はなかったし、それにあけはなしになっていた君の引出しには、切手もはがきもたくさん見えていたからさ。それでも局へ行くというのは、電報よりほかないじゃないか。すべてのありえないことをとり捨ててゆけば、あとに残ったのが必ず真相でなければならない」

『四つの署名』コナン・ドイル（延原謙 訳）

強引な当てずっぽう（当て推量という）とも言っていいでしょう。実はアブダクションという単語の第一義は「誘拐」です（「エイリアン・アブダクション」というとUFOに乗った宇宙人が地球人を連れ去ることをいう）。これを第二義としては強引な論理(アブダクション)の適用という意味で使っているのです。こちらの語源はギリシア語のアパゴーゲー（蓋然的三段論法：小前提が真らしいので結論も真らしいとしかいえない三段論法）です（Noteを参照のこと）。

これが直観的で飛躍的な「アブダクションという論理(ロジック)（仮説推論）」です。これらは感性(センス)の問題でもあります。「感性」というと、人によっては一寸前に流行ったような、センスが……、といった軽くて表層的なことを連想してしまうかもしれませんが、まったく違います。感性は、アブダクションの根底にある直観能力であり、未知の部分を残しながらも「知る」ためのカギになるものです。そこから生まれた仮説によって、何を創るべきか、何をするべきかを明らかにしていくのです。

直観は「引き算的」（無駄を捨てる）でもあります。それは複雑な状況をシンプルに解決しようとする知の働きです。直観あるいはアブダクションの原則は簡素であることです。「オッカムの剃刀」という言い方をします。倹約の法則ともいいますが、14世紀のイングランドの哲学者オッカム（W. Occam）が述べた「あることを説明するために導入する仮説は必要以上に複雑なものであってはならない」という原則です。これは分析的な経営における知が複雑になりすぎたことに対するアンチテーゼでもあります。

アブダクションの背後にあるのは、飽くなきパッション、探求心です。さらに特定分野での博学的知識も重要です（ホームズは異常なまで化学に精通していた）。市場環境分析から論理的に出てくるような戦略や施策には誰もコミットなどしないでしょう。大事なのは、明らかにチャレンジングな、常識では考えつかないようなことを解いて現実のものとすることです。そこには感性と直観力が不可欠です。小さくても、そうした積み重ねがエクセレンスを形成していくのです。

アブダクションというロジック

　「アブダクション」は、一般的な思考法と随分違うところがあるので補足しておきたい。アブダクションという言葉は米国の哲学者C・S・パースが言いだした。このパースはどちらかといえば変人だったが天才だった。「プラグマティズム」という米国流哲学の祖でもある。

　パースにとってアブダクションは思考の出発点だった。

　演繹的三段論法いわゆるロジカル・シンキングからは何も生まれてこない。例を挙げれば、「すべての人間は動物である」（大前提）→「X氏は人間である」（小前提）→「ゆえにX氏は動物である」（結論）というのが典型的三段論法だが、最初の「人間は動物である」という前提を認めてしまえば、それ以上のことはわからない。いや、新しいことが出てこないように、検証することが演繹法の役割なのだ。こうした論法では最初から大前提を認めてしまうことになるので、「ゆえに……」とあらためていわれても、それはわかっていたことだ。ロジカル・シンキングや、すでにある知識（前提）を利用していくレバレッジ的思考は有効不可欠だが、残念ながらそこからは新しい情報や知識は出てこない。仮説や前提を生み出さない。これらはコミュニケーションや経済的効率性が主目的だからだ（そもそも大前提の証明／展開プロセスなのだから別の意味が出てきてはいけない）。

　一方、データ分析を前提にしながら、こうなるのではないか、といった「仮定」を作るのは「帰納的飛躍」という。これは確かに仮説だけれども、前提から大きく逸脱しない、あくまで合理的な思考過程である。ここからも驚くような革新的なビジネスの種（サプライズ）、といったものが出てくるとはイメージしにくい。

これに対して、パースのアブダクションは「仮説的飛躍」といっていい。ふつうの感覚では掴まえにくいものをしばしば強引にとらえるのである。典型的な例は、普通なら見落としてしまう事柄から意外な論理を展開する、しかも現場の些細な兆候や証拠の観察から始まる推理である。ロジカル・シンキングも三段論法だが、実はアブダクションも三段論法の形式を取っている。結論からはじまって、逆向きに大前提を強引に仮説し、起きた過程（小前提）を示す。次のようなものだ。

①驚くべき事実Cが観察された（山頂から貝の化石が見つかった）（結論）
②もしA（そこは大昔は海だった）が真ならば、Cが起きるのは当然である（大前提）
③ゆえに、Aが真実と考えるべき理由がある（小前提）

 パースが言い出したアブダクションは、論理学からみればわかりにくいし不完全さが指摘されてきた。しかしアブダクションは私たちが普段使っている思考にほかならない。では、同じくパースが言い出したプラグマティズム（知の実用主義）とはどこでつながるのか？ それは、不完全で限られた情報しかない、現場を考えてみればわかる。その場で最善の仮説を立て、それを実証しつつ、つまり確かめながら実践していくこと。それこそプラグマティズムの真髄である。プラグマティズムが米国の開拓者精神とつながっていると考えてみればすぐわかることではないだろうか？ 実は実践のために最も重要な推論がアブダクションなのである。

$A!C$ vs. $a \rightarrow b \rightarrow c$ / $a = c$

アブダクション　　　通常のロジック

一方、デザインにおける直観的な思考には2つの面があると考えられます。たとえば認知心理学者でヒューマンインタフェース研究の草分け的存在、ドナルド・A・ノーマンは、人間には創造に不可欠な2種類の認知スタイルがあると指摘しています。「**体験的認知（experiential cognition）**」と「**内省的認知（reflective cognition）**」です。

「体験的認知」とは、身体的な知覚（五感）、経験を通じた観察的な直観のことです。知識デザインを進めていくにあたっては、私たちは現場に踏み入っていかねばなりません。「体験的モード」とは身体的な関わりを通じて思考することです。

しかしそれでは個人の体験の限界にとどまってしまうかもしれませんね。そこで同時に、内省、つまり概念的な本質、真理追究を伴う必要があります。つまり、「内省的認知」によって比較対照や思考、判断などが行われ、最終的に「新しいアイデア、新たな行動がもたらされる」のです（ノーマン）。身体性、五感の体験の限界を超えていく可能性を持った直観の一面です。

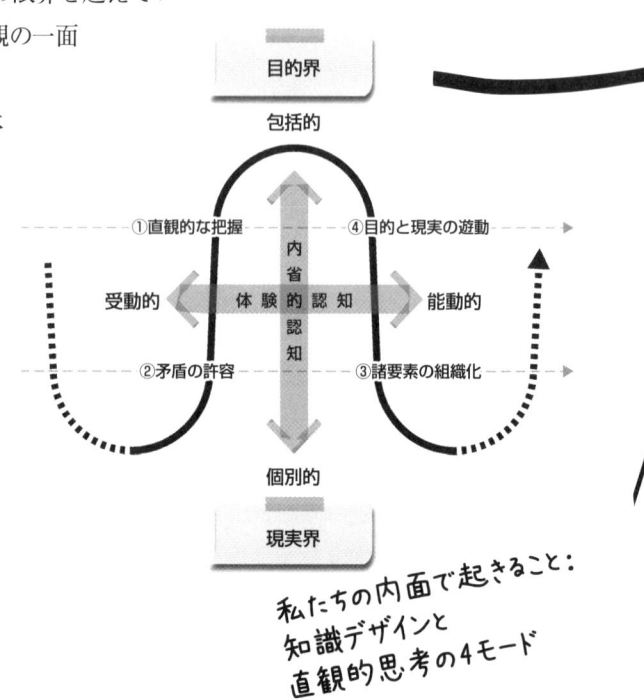

さらに、前者の「体験的モード」には、現場への関わり方によって、受動的かあるいは能動的かという対極が考えられます。「内省的モード」にも包括的（マクロ）な認知か、あるいは個別具体（ミクロ）の認知かとい

私たちの内面で起きること：
知識デザインと
直観的思考の4モード

う対極がありえます。私たちが直観的な行為としてデザイン活動をしているときには、この2つの直観的思考のモードが相互に作用して、私たちの内部（内観）にアイデアやイメージ、ビジョン、モデルなどが生み出されていくと考えられます。これが図の十字で示したプロセスです。これを次のような4つのモード（ステップ）で示すことができるでしょう。

① **直観的な把握**：受動的な体験的認知と包括的な内省的認知の作用。これはすべてのデザイン思考の起点である。私たちはただ「パッと」気づくのではない。身体（五感）をアンテナのようにして印象を受け取ることで何かを暗黙に「知る」。おぼろげに仮説が思い浮かぶ。たとえばユーザーの傍らにぴったりと並んで、まったくのユーザー視点で事象を体験している場面を想像してほしい。それは「純粋経験」を得ることである。そこで分析したりせず、バイアスを捨て、包括的・直観的に印象を得て、顧客や現場の事象の生きた「データ」を感受する。

② **矛盾の許容**：ただしこうして認識される現実は、分析的な枠組みをあてはめて理解するのとは違って、実に複雑な矛盾に満ちたものである。これを、シロクロつけようと分析したりせずに、多様な意味や事象の集まりとして認識し、それぞれを比較対照しながら関係性を理解していく。個別具体の意味や事象の関係性をバイアスなく、あるがまま理解する。受動的だけれども同時に個別の様子にも目を向けた認知状態である。しかしここに飛躍が訪れ、仮説が見えてくる。これはデザイン思考する人の内部では、概念の「熟成」が行われている段階である。

③ **諸要素の組織化**：個別的な理解に基づき、五感を働かせる。ここにはアブダクションが働く。そして現場の個々の事象やその

意味の関係性を理解し、それぞれの比較対照を経て、諸要素を組織化、概念構築していく。具体的には、さらなるユーザーとの対話や、ブレーンストーミングなどの場面を想像して欲しい。そこでは、頭の中だけではなくて、人々との対話や身体的な相互作用も不可欠である。からだで参画しながら個別の事象を理解し、関係づける。たとえば「プロトタイピング」や「ボディストーミング」という方法はこうした身体を参加させた対話である。

④ **目的と現実の遊動**：次に問題の解決や新たな意味の創造を行う。体験的認知と内省的認知モードの能動的なコラボレーションが新たな仮説、コンセプトを生み出す。ここで問題解決や新たな価値、方向性の提示、論理的筋立てが行われる。「プロトタイピング」を用いた顧客との協業などの場面を想像して欲しい。ちなみにここでいう「遊動」（注）とは、対立する要素の間の「遊び」、インタープレイであり、新たな創造的バランスの発見である。これを「弁証法的ダイナミクス」（矛盾・対立から昇華へ）といってもいいかもしれない。そして五感から得た経験を超えるような「昇華」があるとき、コンセプトやビジョンは綜合（シンセサイズ）され、創造的なものになる。こういったステップは分析的思考にはみられないものである。

注：最後に挙げたステップの「遊動」は、実はドイツの哲学者カントのコンセプトだ。カントは近代美学のもとになったアイデアを提示したが、それは、私たちの構想力と悟性の遊動（遊戯）によって美的判断が行われる、というものだった。シラーはそのカントを受けて、対象を受容しようとする素材衝動と対象を規定せんとする形式衝動がともに働く「遊戯衝動」が美を生み出すといった。そして、美と遊ぶときにのみ人間は完全なものとなるという。

直観力と「経営の知」のパラダイム

　今挙げた直観的な知の世界は、デザインの領域の話だけではなく、実は経営そのものの知の変化にもかかわるものです。ちょっと話を変えましょう。

　ダン・ブラウン原作の映画「天使と悪魔」に「反物質」という言葉が出てきます。私たちの世界を形作っている物質は粒子（電子・陽子・中性子）からなると考えた場合、すべての粒子には反粒子が存在します。反物質はそれら陽電子・反陽子・反中性子からなる物質です。物質と反物質が接触するとエネルギーを放出して爆発、消滅してしまいます。これが「天使と悪魔」の基本プロットですが、物質的世界は実は確かなものではなく、もろくも崩れてしまうことを示唆しています。以上は粒子の粒で世界ができている、という世界観です。

　1925年、ハイゼンベルク、1926年にはシュレディンガーの発見した量子力学は17世紀以来のニュートン的世界観（決定論的世界）を揺るがす、ダイナミックな世界を提示しました。ちょうどその頃、ロシア・アヴァンギャルドのアーティストは量子的世界観に通ずるデ＝サインを打ち出しました。両者の描いた世界観には共通するものがありました。サイエンスの世界に人間の意志や力動的な関係性が持ち込まれたのです。

　実証科学的アプローチに支配されてきた経営の世界にもようやくその波が達してきたといえます。デザインに代表される直観的な知はそれを象徴するものでしょう。

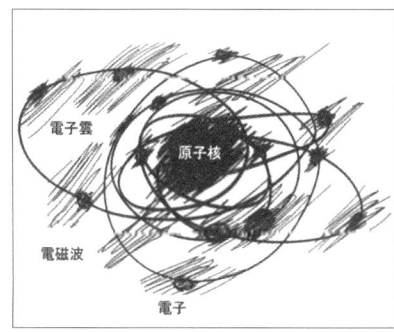

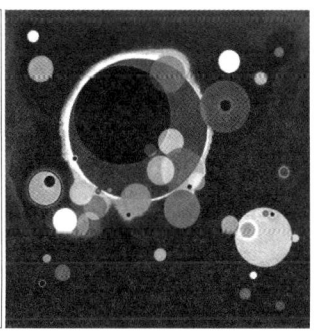

量子力学的世界　　　　　　　　　ヴァシリー・カンディンスキー
　　　　　　　　　　　　　　　　《幾つかの円》1926年

20世紀とは、「モノのパラダイム」の時代、象徴的には、原子(アトム)の時代でした。つまり、17世紀のニュートン以来の近代科学の、ヒエラルキーやツリー構造で考えられた物質的（モノ）あるいは機械的世界観が支配していました。これは企業組織も同じで、組織は分業と階層化によって大規模化して、人間はその部分になっていきました。そこではその構造を明らかにするために分析や論理的な知が有効でした。分析とは「分ける」ことで、全体は部分から成る、という考え方が支配的でした。そこではあまり直観は求められなくなっていったのです。

　一方、21世紀になって、私たちは自らが「関係性のパラダイム」の時代にいることを認識するようになりました。象徴的にはインターネットの時代、つまり、すべてがダイナミックな現象（コト）の連鎖で、相互の関係性

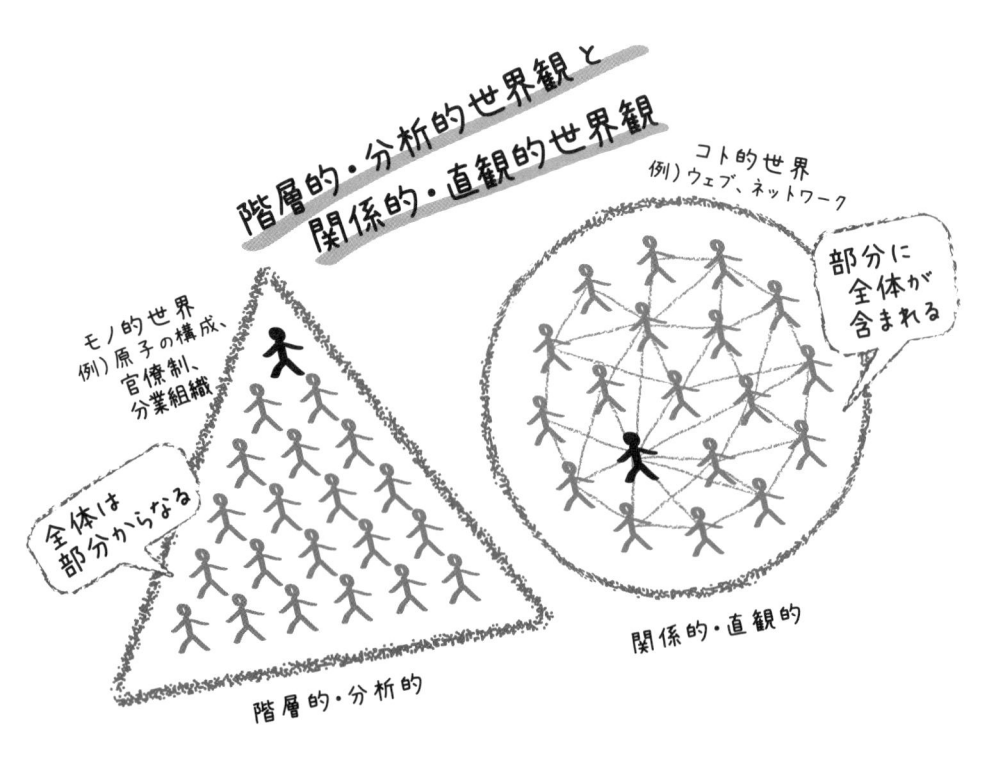

階層的・分析的世界観と
関係的・直観的世界観

モノ的世界
例）原子の構成、
官僚制、
分業組織

全体は
部分からなる

階層的・分析的

コト的世界
例）ウェブ、ネットワーク

部分に
全体が
含まれる

関係的・直観的

が重視されるのです。それは経験的あるいは有機的(オーガニック)世界観です。そこでは、最も重要な人間的あるいは組織の資質は直観（intuition）です。または直観的に全体を把握していく綜合力（まとめあげる力）が求められる世界です。そしてその「関係性のパラダイム」の知が「知識デザイン」であり、より具体的には、デザイン思考であるといえるでしょう。

　これは抽象的な世界の話ではないのです。20世紀末に至って、経営は分析偏重になり、直観的要素を排除し、知性中心のとても難しいものになってしまった。デザインへの関心が表しているのは人間的側面の復活です。

　ちなみに、分析的経営のルーツでもあるデカルトも「分析と綜合」という知的枠組みを呈示しました。しかし、デカルト的綜合は、ある出来事を細かい部分に分けていって、分析して理解し、今度はそれらの部分を結び合わせていって全体的統一を構成するという、いわば「分析的綜合」を指していました。これに対して直観的な綜合は全体の本質とは何か、ということをベースにした思考です。人体をばらばらにして分析してから再度まとめようとしても元には戻らない、というのと同じです。直観的アプローチは仮説を立てながら、さまざまに見方を変えながら、関係づけながら全体像を理解していこうとします。

　21世紀初頭の現在、経営や経営学は模索期にあると思われます。そもそも米国型の資本主義が限界を迎え、新たな資本主義のモデルの構築が問われているのです。こういった中で、ものの考え方自体を変えざるを得ない段階にきています。従来は過去の業績や成功を分析して、あるいは理論化して、それをフレームワークとして用いてトップダウンで実践する、という思考法が見えざる根底にありました。前頁の図の左側の世界は、物質、有形の資産が中心の経済のモデルでもありました。組織立って統制することが合理的な時代のシステムでした。

　一方、右側の世界は、知識が中心の経済や経営です。現在の、個々の知とそのネットワークが組織全体のあり方に大きくかかわる世界です。そこでは、まず外の世界との関係を築きながら、それに呼応する個人の「思い」

や志を引き出せる組織文化が重要です。多摩大学大学院の徳岡晃一郎教授はこれを「思い（信念）のマネジメント」（MBB：Management By Belief）と呼んでいます（一條和生、徳岡晃一郎、野中郁次郎『MBB：「思い」のマネジメント』東洋経済新報社、2010年）。左側の世界ではたとえばリーダーシップ・コンピタンシーのように、リーダー個人の能力に頼るリーダーシップが機能しましたが、右側の世界では、直観的に関係性を創出できるソーシャル・デザイン・リーダーシップが鍵となるでしょう。

「共進化」していく知としてのデザイン

　本章のさいごに挙げたいデザインの知の根幹にあるもうひとつの要素は、**共進化（co-evolution）**あるいは**共発（co-emergence）**です。共進化とは、元来は生物学の概念です。これは複数の「種」が互いに適応しながら進化することです。有名なのは植物の花とミツバチが相互に受粉しやすく、触媒しやすく共に進化していったという仮説です。また、生物の進化においては、部分と全体が二項対立するのではなく、相互に進化するものだということが指摘されています。

　たとえば、シリコンバレーでの地域（ハイテク）産業と大学などの教育研究機関の関係は共進化の好例だとみなされています。モノづくりにおいても、アーキテクチャとコンポーネントは共進化関係にあるといっていいでしょう。

　こうした例の意味は何でしょうか。それは、主体と客体が対立せず、同じ「場」において共生し、そこからさらに新たな知、つまり進化が起きるという観点です。ネット上の個と個が、同時多発的にリンクしていくようなイメージにも通ずるものです。

　デザインのプロセスにおいては、デザイナーは顧客のかかえる問題を把握し、解決し、新たな知識を生み出す。しかしそれは決して傍観者的な関係ではなく、デザイナーはユーザーの現場に棲み込んでいく「主客未分」の関係にあります。このようなデザイナーとユーザー、あるいは企業と顧客の出

会う場において、共進化のチャンスがもたらされるのです。

　そこではあらかじめ予想できなかったような創発も起きます。分析的あるいはロジカルなアプローチでは起こりにくい関係でしょう。つまり、体験的モードと内省的モードを往復する過程で、顧客（現場）と主体（デザインする人）との相互作用から新たな関係性が生まれます。そして新たな秩序（モデル）が生まれ、それに沿って技術やモノが再構成、組織化されるのです。

　こうしたイノベーションのための知的基盤を与えてくれるのがデザインだといっていいでしょう。

chapter 2
産業社会の知となった デザイン

東京駅・エキナカ「GRANSTA」の一角。
サービス化する経済において、デザインは新たな社会的関係性から価値を生みだす、新たな役割を担うことになる。

2.1 デザインの世紀の生産システム

デザイン思考を超えるデザインの役割

　デザインは、製品やサービスのイノベーションにとって不可欠な思考です。直観的なデザインの知がテクノロジーと人間・社会の知を組織化、融合したとき、イノベーションが導かれるのです。

　しかし、デザインの持つ意味合いや効用はこういったプロダクト・イノベーションのレベルにとどまらないでしょう。21世紀のいま、デザインは「産業の知」として、前世紀よりも大きな意味合いと活動領域を担っているといえます。デザインは製品やサービス、あるいは企業のブランドといった、どちらかといえば「すでにあるもの」に付加価値を与えるという機能か

ら、産業や企業の価値生産に影響を与える根本的仕組みとして浸透しつつあるのです。これは、モノづくりの伝統を持つ日本企業にとっての挑戦であり機会であるとも思うのです。

すなわち、ちょうどデザイナーが何らかの人工物を創りだして提供するように、企業やその組織が、デザインという「知の方法」を身につけることで**顧客の要望を把握しデザイン・プロセスを通じて解決する価値生産システム**への転換を意味しています。さらに、生産システム自体の目的も、いまや単純な経済成長や競争や利益でなく、持続性(サステナビリティ)に基づく社会性を帯びたものに変化しています。もしこうした変化がさらに進めば、それは経済の仕組みや利益の仕組みにも再考をもたらすでしょう。とくにそれは経済のサービス化、知識化とは切り離すことができません。

会計システムが象徴していた20世紀の産業

かつて、20世紀に成立した大量生産工場では、工場の生産ラインに運び込まれた原材料（原価）が製品を生み出し販売され、価格（売上）との差分が付加価値（利益）として計算されました。そこから経営管理費を除いたのが純利益です。これは現在の企業の一般会計原則（GAAP：Generally Accepted Accounting Principle）にそのまま反映されています（売上－原価＝付加価値（利益））。それはモノを経済交換の価値の単位とした時代の産物でした。この時代は製品こそすべてでした。製品を経済的に交換することで価値を生んだのです。

そこでは、デザインは、材料が工場の生産ラインに入る前の段階の、製品に付加価値を与えるためのデザイン情報（設計仕様、意匠）、つまり生産へのインプットとして位置づけられていました（次ページ：図左）。こうしたデザインの役割は有意義なものでしたが、生産システム全体からみれば部分的な位置づけにとどまっていました。工業社会のデザイン活動は、商品企画段階、あるいは製造エンジニアリングの段階で完結していたといえます。デザインはP/L（損益計算書）の世界に閉じ込められていたのです。

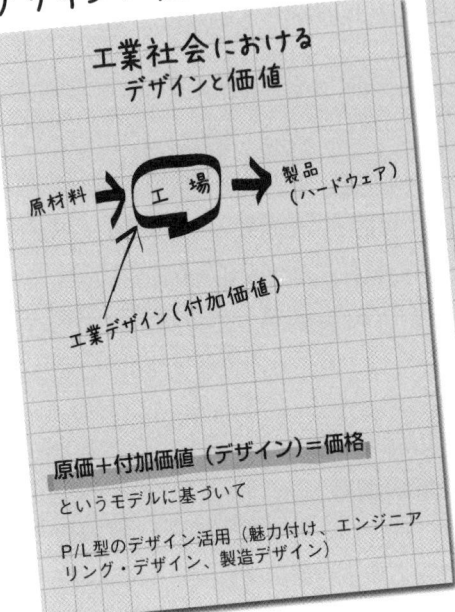

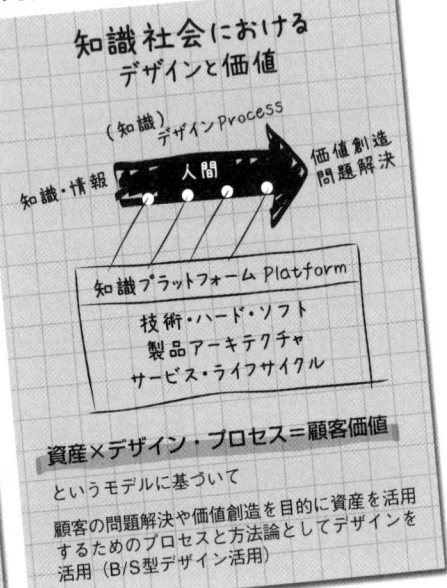

デザインが価値を生む2つの視点

工業社会におけるデザインと価値

原材料 → 工場 → 製品（ハードウェア）

↑ 工業デザイン（付加価値）

原価＋付加価値（デザイン）＝価格

というモデルに基づいて

P/L型のデザイン活用（魅力付け、エンジニアリング・デザイン、製造デザイン）

知識社会におけるデザインと価値

知識・情報 →（知識）デザインProcess 人間 → 価値創造 問題解決

知識プラットフォーム Platform
- 技術・ハード・ソフト
- 製品アーキテクチャ
- サービス・ライフサイクル

資産×デザイン・プロセス＝顧客価値

というモデルに基づいて

顧客の問題解決や価値創造を目的に資産を活用するためのプロセスと方法論としてデザインを活用（B/S型デザイン活用）

　一方、だんだんと企業はデザインを企業の価値実現のための一貫したプロセスととらえるようになってきました（ただし多くは暗黙に）。これはどういう意味でしょうか。それは、原価＋デザイン情報で付加価値を生むという考え方ではありません。上図右のように、現在の有形無形の資産をもとに顧客との相互作用的なデザイン・プロセスを通じて価値が生み出されるモデルです。つまりP/Lではなく、B/S（バランスシート）の資産や資本を、いかにより大きな価値にできるかが課題となるのです。

　ここでは製品や技術は、デザイン・プロセスを通じて顧客価値を実現するための媒介（プラットフォーム）となっています。モノを媒介にしたサービス・モデルともいえますが、あくまでモノづくりの知識や能力を用いて価値を生み出す仕組みですから、従来でいうサービス業ではありません。むし

ろ、これまでのサービス業対製造業という分類が問題なのです。製品を作って売ったらおしまいで終わらせずに、その前後のライフサイクルまで含めて顧客価値を最大化するような、プロセス全体をデザインする、ということなのです。

「デザイン・パラダイム」への転換

こうした変化はすでに現実となっています。たとえば変化をいち早く取りいれたのはIT業界でした。

私たちの日常生活に浸透しているウェブサイトを通じた販売やサービス（典型的にはアマゾンですが、映画のチケットサービスでも、オンライン教育サービスでもよい）は、こうした価値生産プロセスを具現化しています。20世紀の物販業や店舗が付加価値の高いモノあるいはコモディティを大量に「流通」する装置だったとすれば、これらのウェブサイトは、顧客の情報を獲得し、解決し、しかるべくモノやサービスあるいは知識へのアクセスを提供するという「デザイン・プロセス」が埋めこまれたプラットフォームと考えられるのです。

つまりデザインという考え方や方法論が、現代的な価値生産の中核的なプロセスになりつつあるのです。たとえば、ソフトウェア開発（知識生産）でも、従来の工場型の流れ作業的なウォーターフォール・モデルに代わって、「アジャイル・スクラム」開発などの新しいアプローチが増えています。計画に基づいてステップごとに開発するのではなく、顧客と協調し、関係者が相互作用を通じて「作動するプログラム」を生み出すことを優先しつつ、モデリングを繰り返すという手法です。ここでは各技術者や専門家の協業のための「場」がデザインのプラットフォームとして重視されます。かつての開発方式との違いを図の左右と対応してみると変化が明らかになるでしょう。

こういった変化はより大きなパラダイム転換を示唆しているのだといえます。元日本サンマイクロシステムズの山田博英氏によれば、かつて大型

コンピュータやPCを売っていたIBMは、現在はコンピュータを製造する会社ではないし、ソフトウェアを提供する会社でもなくなった。単なるコンサルティングやアウトソーシングの会社でもない。情報ネットワーク技術を強みにしながら、顧客が必要とするあらゆるサービスを提供するグローバルカンパニーとなったといいます。すなわちデザイン・プロセスが根底にあるのです。しかもそれは抽象的な「メタファー」ではなく、同社のサービス・デザインやイノベーションにまで浸透している点が特筆できます。

　IT業界の例だけではありません。冒頭で紹介したファストファッションのような業態はその現れです。製造業にもデザイン・パラダイムへの変化の波が訪れています。高付加価値の日本の国内製造業も付加価値型モノづくりからサービス的なデザイン・モデルに転換しようとしています。

　たとえば工業用研削砥石メーカー、ディスコは「切る」「磨く」「削る」という3つの領域で自社の知識資産を定義し、それをもとに顧客ニーズにきめ細かく対応して画期的な製品やソリューションを生み出し続けています。

　栗田工業はかつては水処理装置というモノを売っていましたが、現在は半導体や液晶製造装置の部品洗浄サービスや水浄化装置の運転管理、メンテナンスによって高収益を上げています。

　何かを仕入れて、組み合わせの妙でモノを作って売っているのではないのです。またモノからサービスへの転換でもなく、顧客の要求に応じて知識資産（技術）をデザインして提供する、製造業の進化なのです。

　実は、サービス業もこうした進化を迫られています。これまではサービス業も20世紀の工場をベースにした会計システムで経営せざるを得ませんでした。つまり「サービスというモノ」を売っていたのです。しかし、本来、サービスとは、自社の利用可能な知識資産や能力などをもとに、顧客と共有された場で相互作用的にニーズを顕在化し、サービス要素を組み合わせ価値実現する営為です。たとえば旅行サービスも本来は顧客との相互作用的価値創造プロセスです。ところが、旅行を「パック」として売っている場合は、サービスをモノとしてP/L的観点で提供しているといえます。原材

料を仕入れて提供しているのであり、製造業と同じようにコモディティ化という問題を背負うことになるのです。

一方、サービス経済化が進展するなら、製造業もサービス業も「売上－原価＝付加価値（利益）」という数式でなく、

「資産×デザイン＝顧客価値 → 利益」

という視点を持つべきだということになります。デザインから生み出される価値を、直接的にキャッシュや、あるいは間接的に社会的な知識資産としてのブランドや信用として用いて、持続的に利益を生み続けようとするのがサービス経済あるいは「デザイン産業社会」のモデルだともいえます。

経済価値を生み出すコトのデザイン

サービス化、あるいは経済の知識化が進むことによって、デザインがますます要求されるようになります。S&P（スタンダード＆プアーズ）500社の総資産における有形資産と無形資産の比率は1975年の80：20から2009年の20：80へと大きく変化しました。このような知識経済においては、モノのデザインではなく、無形の知識とモノを巧みに融合するデザインの知が求められるのは自明です。

したがって企業はよりダイナミックで、相互作用的な価値提供のための「デザイン・プロセス」をビジネスの基盤に置くべきでしょう。サービスや経験は、まさにデザインの対象そのものです。お客様の意識の変化をとらえ、あるべき「コト」をデザインし、その中に、様々なテクノロジーを埋め込む。こうした、顧客の現場からイノベーションを起こす知の方法論として、デザインが重視されているのです。

たとえばソリューション・サービスにおいては、モノに関する知識以外の、ソフト、サービス、問題解決、ビジネスモデルの構築など、多様な知を綜合することが求められます。顧客が認めるのは、多様な知識に基づいて

コトのなかにモノ・技術を埋め込む

コト（の知・デザイン情報）

モノ
(things)

いかに問題解決を
いかに喜びを
いかに満足度向上を
いかに革新を

知識デザイン
コト
(events、experience)

モノの知

- モノづくりの限界→モノをコト化する：「世界制作」
- 空想のコト世界でなく現実のコト（経験、行為）のデザイン
- そのなかに技術、モノを織り込んでいくとともに顧客との関係の過程で進化させていく

　自分（自社）仕様の価値を与えてくれるデザイン・サービスです。こういった視点でデザインをとらえていくと、デザインがサステナブルなイノベーションにとって不可欠な「知の方法」であり、価値生産システムの根幹となるプロセスともなることがわかります。

　コトを生み出し、その中にモノを埋め込んでいくというアプローチは真に大切です。それには、サービスの分野に学び、サービスのデザインあるいは価値を生む一連のサービスの提供プロセスとしてのデザインという視点を持つ必要があります。コモディティに付加価値を載せるという製造業のモデルではなく、顧客にとっての本質的価値を起点として、顧客との対話を通じて、コトや経験、「世界」を生み出し、それに沿って技術やモノ、知識を関係づけていくことです。そのための**構想力**こそすべてといってよいでしょう。

サービス化・知識化に向かう産業

　サービス化は、製造業にとっては「モノからサービスへ」といった単純な業態転換を意味しているわけではありません。その本質は事業の知識化です。サービス化はビジネスモデルを進化させ、戦略上の焦点を再考させます。ただしそれは諸刃の剣でもあります。たとえばカメラ——写真産業を考えてみましょう。

【ハード中心の市場】

　その昔、ユーザーは自分でフィルム（モノ）を買ってカメラ（モノ）に装填し、写真を撮り、現像まで材料（モノ）を買ってすべて自分でやっていました。しかし、次第に街中に現像代行サービス（コト）が広がり、個人で現像するのは趣味になり、ビジネスは一変しました。個人向け現像用材料（モノ）市場は消滅していきました。

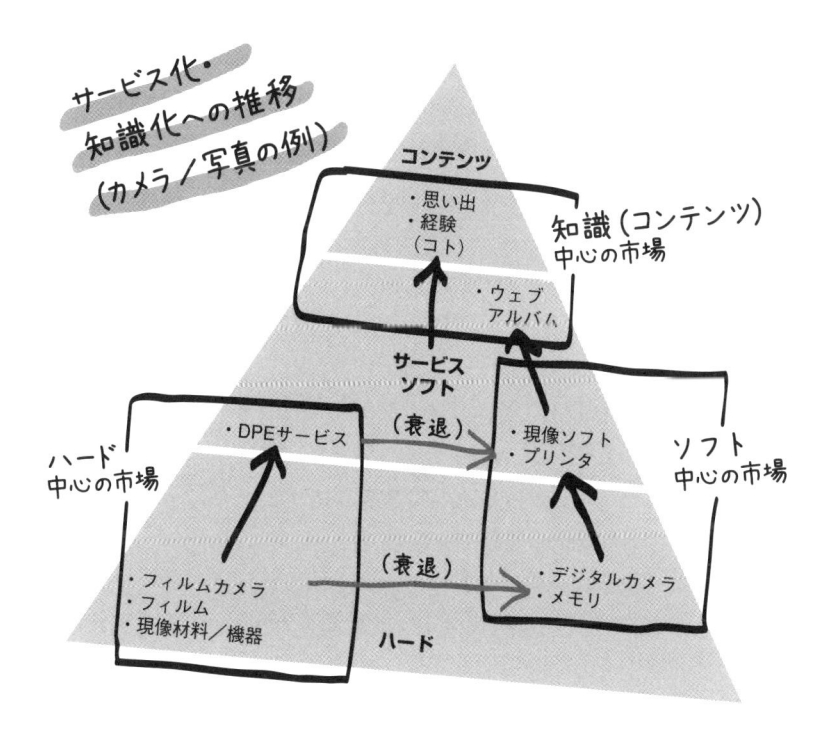

サービス化・知識化への推移（カメラ／写真の例）

- コンテンツ
  - ・思い出
  - ・経験
  - （コト）　　知識（コンテンツ）中心の市場
  - ・ウェブアルバム
- サービスソフト
  - ・DPEサービス　（衰退）→　・現像ソフト／プリンタ　　ソフト中心の市場
- ハード中心の市場
  - ・フィルムカメラ
  - ・フィルム
  - ・現像材料／機器　（衰退）→　・デジタルカメラ／メモリ
- ハード

【ソフト中心の市場】

　次に、デジタルカメラ（モノ）の時代になり、かつてのフィルムカメラ（モノ）は急速に縮小しました。ユーザーは今度はフィルムの代わりにメモリカード（モノ）を買って自分で挿入し、現像とプリントはパソコン（モノ）でできるようになりました。多くのユーザーが家庭でソフト（知財）を使って「現像」するようになりました。

【コンテンツ中心の市場】

　次に急速にプリンタ（モノ）の低価格化が進みました。今度は現像代行サービス業（コト）が変化を迫られました。写真というコンテンツ（知財）が中心になったのです。こうして**ハード主体の市場から、サービス、コンテンツ主体の市場への移行**が起きたのです。

　さらに最近はメモリカード（モノ）すら意識しないようになってきました。USBでカメラから直接パソコンにデータ移転できるのです。メモリカードの方式が大きな違いでなくなってきました。さらにカメラのネットワークがすすみ、ネット上に記録して、パソコンやプリンタ（モノ）で現像印刷するということ自体なくなるかもしれません。一方でパソコン自体も消滅の危機が示唆されています。iPadのようなツールで写真を見るようになるかもしれません。

　こうして、モノは持続性がなく、常にユーザーの現場でのコトによって変化していくことがわかります。もちろん決してモノがなくなるわけではないのです。しかし、ユーザーの価値の焦点はハードからコンテンツ・サービス（知識）へと移行し、それに応じてハードやプラットフォームのあり方が変わっていきます。

　こうしたハードから知識への変遷はITサービスでも、出版から電子出版ビジネスへの変化の過程でも起きるでしょう。

　では一体その変化は誰が起こすのか。それはユーザーが何をやりたいのかということでしか決まりません。もちろんユーザーにも次に何をやりたい

かはわからないのです。相互作用的なのです。こうした変化はあらゆる市場で起きます。モノではなく、コトのデザインをまず考えるという発想が不可欠なのはそのためです。

日本企業のコトづくりとモノづくり

　モノ中心の経済からサービス経済への移行はきわめて重要な変化です。とくに日本は「モノづくり立国」とまでいわれましたが、実際経済（GDP）の7割以上はサービスであり、かつ製造業の多くは欧米企業に比べ極めて低い営業利益率に喘いでいます。「モノづくり」といいつつも日本の製造業、とくにエレクトロニクスは営業利益率などからみても欧米に比べ儲かっていないのです。日本の電機メーカー各社の営業利益率が5％に満たないのに対して、インテルやIBM、HP、ノキア、GEなどとは10％近く、あるいはそれを上回る差があります（2008-09年時点）。

　日本では従来製造業のウェイトが大きく、サービス業の生産性の低さが指摘されてきました。どちらかというとサービス業は「下」に見られてきたのです。たとえば「モノづくり」のシステムをサービス業に活かせば生産性が向上するのではないかといった提言もありました（製造業の方法をサービス業に適用するとうまくいくという仮説）。筆者は何人かのサービス業経営者とこの話題について話したことがあります。彼らは従来の製造業とサービス業の関係に不満を抱いているようでした。サービス独自の経営の知があるのです。また現在日本の産業の低迷、またサービス経済の進展という現実の中で、製造業が価値生産の発想を転換すべきだと考える材料の方が多いように思えます。モノづくりは重要な能力ですが、それを価値に転換するモデルが問題なのです。

　もとより、短期的な収益や株主価値に邁進するアングロサクソン的グローバルスタンダード経営が優れているというのではありません。彼らも踊り場を迎えているのです。しかしだからといって日本的モノづくり経営が勝つ、といった短絡的な議論でもありません。

日本企業のモノづくり経営は踊り場を迎えています。たとえば、日本企業はなかなか、ハード、ソフト、システムあるいはサービスの三位一体を生み出すのが苦手だ——このことはよく指摘されてきました。しかし、頭で理解して、口で言うだけではできません。そういうなかで知識デザイン（あるいはデザイン思考）のような価値生産プロセスは重要です。起点となるのは、経験的な認知に基づく、生活者や顧客の暗黙的ニーズの把握です。これはモノでなく、コトをデザインするアプローチだといえるでしょう。

　日本企業の弱みを指摘する論評が増えています。そのひとつに「知財のマネジメントの弱さ」があります。正論ですが、これまでも無頓着だったわけではありません。問題は、将来課題になりそうな技術をあらかじめ想定しておけるどうかです。実際、どのような知財がどのようなタイミングで重要になるかは不確定要素が大きい。些細に見えた特許や商標権などがある日突然問題になることがあります。ただ知財だけに目を向ければいいわけではないのです。

　たとえばiPodに利用されている技術は大したもんじゃない、とよく日本のメーカーの方がいいます。しかし、「先端的」技術が必ずしも価値ある技術とは限りません。それよりもこれらをどのように組み合わせ、どのようにユーザーに使いやすいソフトやサービスを提供するか、といったデザインの価値の方が大きい場合もあるのです。知財はモノとサービス、ソフトとの関係性に基づいていなければ価値がみえません。要は、技術を標準化するかどうかといったモノづくりの発想ではなく、どのようなシナリオやビジネスモデルを描くかです。

　虚心坦懐に現場に出向いて、現場を詳細に観察し、デザイン的な方法でイノベーションを起こすことが必要条件になります。実はこうしたことを基本として守った日本企業が強い製品やビジネスを作ってきたのです。ただし、ここでその新しい事例を挙げるのが難しくなってきました。かつての日本企業にあった能力が低下しているのです。それは本来「モノづくり」という言葉で広がった「擦り合わせ」などの活動が、単に物質的なモノづくり

の器用さとしてみられているからではないでしょうか。日本企業の強みは、顧客やパートナーとの場の創出を通じて、共有された暗黙知を基盤に、ディテールに意識を配り、きめ細かい人とモノの関係性を生むことでした。つまり「擦り合わせ」は本来「コトの中にモノを埋め込んでいく」ことだったのが、表層的なモノづくりの意味になってしまった。組織や事業のデザイン力が欠けていたのだと思います。

　日本企業の強みであるモノづくり力を活かすためにも、従来のモノづくり経営とは異なるサービス的視点への転換が不可欠でしょう。無論「モノからコトへ移行せよ」といった安易なスローガンではありません。サービス経済化は製造業とサービス業の境目がなくなるという構造的変化なのです。経験価値や人間中心主義の知識経済・産業への転換です。ですから顧客価値の基盤となるサービス・システムやビジネスモデルのデザインは今後最も注視すべき領域だと思われるのです。

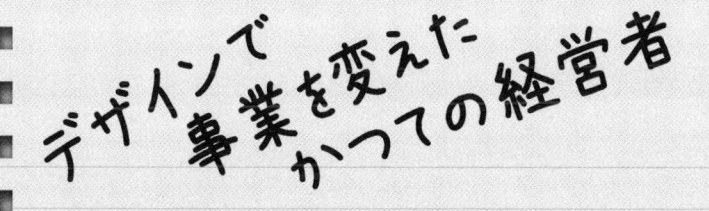

デザインで事業を変えたかつての経営者

　20世紀の経営者たちはデザインを駆使していた。すでに触れたように、それは20世紀におけるデザインではあった。しかし彼らは確実にデザインを巧妙に用いたのだった。

　GMは「モデルチェンジ」というビジネスモデルを、デザインを巧みに用いて産み出した。自動車産業の父といえるヘンリー・フォード1世は「フォードT型」のデザインについては頑だった。それは信条としての画一的大量生産に基づいていた。黒以外の色を欲しがるユーザーの声に対しく「ボディが黒である限りどんな色でも選べる」といって譲らなかった。こういったトップメーカーの姿勢に対して、後発のGMの社長、アルフレッド・ス

ローン Jr. は「米国人はいまや、自分たちが自動車を使用するというだけでなく、それに乗っているのを他人に見られることを得意とするような、自動車をほしがっている」と見抜いた。

そこでGMはハーレイ・アールというアーティストを雇い入れ、「モデルチェンジ」というビジネスモデル・イノベーションをすることになる。それは動的陳腐化戦略とも呼ばれ、定期的にデザインを新しくすることで前の世代のデザインを陳腐化させ、買い替えを喚起するという革命的なモデルであった。

アルフレッド・スローン Jr. はハーレイ・アールにたったひとつだけ指示を出した。「ここのクルマを売れるようにしてくれ」。そのおかげでアールは「社内で最も嫌われる男になってしまったんだ。みんなにしつこくつきまとったからね」と後に語っている。つまりハーレイ・アールは社内をデザインを媒介に調整し、一定期間毎に新車が開発・発売される体制を創り上げていったのである。こうしてGMが産み出したイノベーションには次のようなものがある。いずれも現在多くの企業のデザイン部門が採用しているものだ。

- クルマのスタイリング（デザイン）部門
- モデルラインアップ
- ドリームカー（コンセプトカー）
- モックアップによるデザイン

アップルのスティーブ・ジョブズ自身もデザイン教育を受けているが、iMac以降iPadに至るまでアップルのデザインを具現化してきたのは英国生まれのデザイナーで同社副社長のジョナサン・アイブスだ。アルフレッド・スローン Jr. とハーレイ・アールの関係に似ていなくもない。

優れた経営者は皆デザイン・マインドを持っていた。ホンダの創業者である本田宗一郎は次のような言葉を残している。

「商品のデザインというものは、大衆の持っている模倣性（あの人がやったから私もやるという流行の心理）を見極めながら、創造性（独自の力で新しいモノを考えつくりだすこと）を少しずつ押し出す、というきわどいところ

ですすめられている。」
岩倉信弥『本田宗一郎に一番叱られた男の本田語録』三笠書房、2006年
「アクセサリーによってデザインの効果を現そうとする考え方は邪道だということだ。実用品自体がアクセサリーでありデザインであるということでなくてはならない。」　　　　　　本田宗一郎『俺の考え』新潮文庫、1996年
「私は、人間の美しさというものは、天然の美しさだけでなく、さらに磨きあげられた第二の天性が重なりにじみ出してくるところにあると思う。デザインの価値というものはそれと同じである。生まれつききれいな人は、たいてい自分の美しさを支える知性を磨く前に、自分の美しさに溺れてしまうことが多い。」　　本田宗一郎『スピードに生きる』実業之日本社、2006年

　大賀典雄氏はソニーの黄金時代を築いた経営者（元CEO）だが、同社の初代デザイン室長でもあった。同氏は「ソニーでは、競争相手のすべての製品は、基本的に、技術も、値段も、性能も、機能も同じだと想定している。デザインだけが、市場でよその製品に差をつけられる」と語っている。
　　　　　　A. Forrester, *Different Thinking*, Kogan Page, 2007

　デザインの本質は、モノの外観を美しく見せるためのテクニックではない。また、同じく視覚化といっても、すでに世の中に存在していたり知っている何かを見える化したり図解するという意味の伝達や管理または分析のための（描く）視覚化と、あらたなもの（なかったものや見えなかったもの）を提示する（企てる）視覚化とでは本質的に異なる。
　デザインは、私たちが現場・現実で触れる眼の前の事物と関わりながら、私たちの内なる知的エネルギーを引き出し、断片化した要素を一つのカタチへと統合するための創造的な知である。言い換えれば、人間の視覚能力と形態創造の能力（カタチにする力）を背景にした「知的方法論」である。とくに創業経営者やベンチャー経営者は、こうした思考につながる強いデザイン・マインドを備えていたと思われる。それはこれまで述べてきたデザイン思考や知識デザインそのものである。

こういった方法論は、さまざまなレベルでのイノベーションにも関わる。私たちはプロダクト・デザインなどの目に見えるもの以外にも「デザインする」という表現を用いる。経営のデザイン、組織のデザイン、事業のデザイン……。これらは分析的方法とは異なるアプローチだ。いずれも、「コンセプト（組織や事業の概念）」や「諸要素の関係性」、「（未来に向けての）展開の考え方」などが背後にある。

2.2 デザインの知で価値を生む企業

「知としてのデザイン」は経営のあらゆるレベルで適用、活用されうるでしょう。たとえていえば、デザインはかなり幅の広い効用、いわば何色もの「スペクトラム」を持っているのですが、これまで企業は一部の「色」（要素）しかあるいは断片的にしか使ってきませんでした。しかし「赤外線」、「紫外線」に近いところまで広げることで、有意義な経営の知の方法論として活用していくことが可能です。

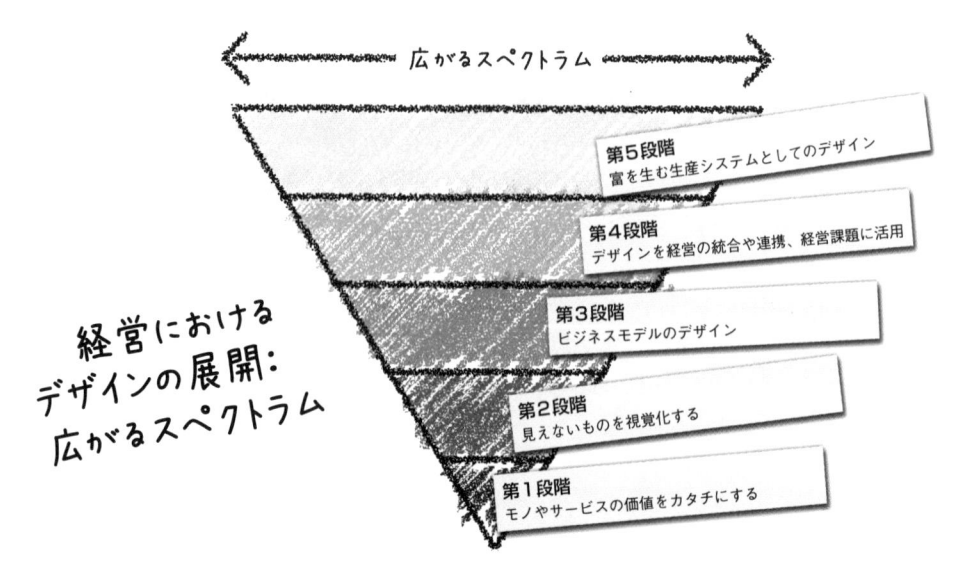

経営におけるデザインの展開：広がるスペクトラム

広がるスペクトラム

第5段階
富を生む生産システムとしてのデザイン

第4段階
デザインを経営の統合や連携、経営課題に活用

第3段階
ビジネスモデルのデザイン

第2段階
見えないものを視覚化する

第1段階
モノやサービスの価値をカタチにする

第1段階　デザインで モノやサービスの価値をカタチにする

　企業がデザインを活用する第1段階は、従来から行われてきたプロダクト・デザインや製品開発の段階でしょう。最近はエスノグラフィーなどのデザイン手法（第4章）によって、世の中や市場、顧客のニーズを獲得するといった役割が広がっています。それは、技術に製品としての形態を与え、視覚的・形態的な問題解決、表現を行なうことです。単にカタチや色をよくするのではなく、デザインをプロダクトの質を生み出す知的方法論として用いることです。逆に、表層的にデザインを使ってはいけないのです。たとえば、製品が技術的に差別化できないときなどには形態デザインの魅力に頼りたくなります。しかし顧客にウケなければ、デザインにかけた開発費分がまるまる損失となってしまいます。デザインの「見た目効果」に安易に期待してはならないのです。顧客の側からみて、どのようなデザインをすべきかを考えること、つまりカタチのデザインでなく、コトを創るデザインの姿勢が根底になければなりません。

第2段階　デザインで 見えないものを視覚化する

　次は、そもそも未だどのような製品を生み出せばよいかも決まっていない段階でのデザインです。新しいコンセプトの創造、そのコンセプトと技術やマーケティングとの統合です。これはイノベーションのためのデザインともいえます。組織内や顧客市場を探索し、新しい機会を生み出し、視覚化、概念化する。顧客、社内の知識資産を把握して、視覚的に示す。これは従来は、市場分析によってコンセプトを導いていた、マーケティングの役割でした。ただし、従来のマーケティングは過去のデー

タに依存する傾向を持っています。よくいわれるように20世紀型のマーケティングは役立たなくなっているのです。先を見て、仮説し、概念を視覚化する必要が高まっています。イノベーション・プロジェクトにおいては、こういった探索的・発見的なデザイン、とりわけプロトタイピングなどの役割が有効です。

第3段階　ビジネスモデルのデザイン

　第3は、ビジネスの仕組み、ビジネスモデルをデザインするという段階です。つまり複雑な事業の諸要素の関係性を綜合あるいは結合すること。あるいは顧客の眼前でその諸要素をデザインすること。たとえば、サービス・ビジネスにおいて利益が生まれるのは、顧客によって価値が感じられる瞬間です。そして顧客が欲するサービスを実現した結果、その顧客価値への対価から利益は配分されます。それは単にサービスを「販売」しているのではありません。顧客価値実現（提供）のためにサービスもソフトも、ハードも、相互に関連づけられなければならないのです。ビジネスモデル、資産の関係性のデザイン。ここに、これまであまり明確な形で述べられてこなかった、大きなデザイン能力活用の可能性があります。とくに、世界の制作力、関係性の創出力です。ただしこれは机上の作業ではありません。デザイン的な観点で市場や顧客、パートナー、社内の「生」の現場を歩き回ることでビジネスモデルをデザインしていくのです。

第4段階　デザインを経営の統合や連携、経営課題にどう活用するか

　デザインを経営戦略のレベルで考えるとは、第1～第3段階のデザイン活用をひとつの経営の「型」あるいはスタイルとし

て浸透かつ進化させていくことです。本書では今回詳しく触れていませんが、いわゆる<u>デザイン・マネジメント（デザイン資源の戦略的活用）</u>の領域といっていいでしょう（紺野　2004）。ただし、従来、デザイン・マネジメントと呼ばれる経営手法の分野は、多様なデザイン資源や資産（デザインされたモノや情報、デザイナー）を対象に、企業ブランド戦略をはじめ経営戦略や事業戦略に即した活用を行うという、どちらかといえば狭い領域（デザイン資源管理）の考え方でした。今後は、デザインを企業価値生産の仕組みとしてとらえ、製品・サービスのレベル、イノベーションへの応用、ビジネスモデルのデザインを統合して考えていくべきです（デザイン経営：Design-based Management）。そういった柔軟な仕組みや場ができれば、デザインの効用を単発に終わらせることなく、継続的に引き出すことができます。また、デザインは知的所有権の領域など、企業の資産としての意味合いも持っています。とくに、ブランド戦略は大きなデザイン経営のテーマです。

第5段階　さらに富を生む生産システムとしてデザインをどう活用するか

次への発展的段階は、企業におけるデザイン活用が、企業のエコシステムや社会との関わりにまで進むことです。経営全体のボトムライン（収益）に持続的インパクトをもたらすべく、21世紀的価値生産システムの実現を図るのがこの段階です。何より<u>社会や市場との関係性をエコシステムとしてとらえて、モノやサービス、ビジネスモデル、企業の資産を綜合したプラットフォーム</u>として、あるいは社会的なサービス・システムとして構築することが狙いとなります。

デザインは企業の価値創造の根幹となります。デザインがビジネスモデルに与える影響、特にサービス・ビジネスにおける影響は大きいのです。

たとえばJR東日本グループが展開するエキナカは、駅の意味がリ・デザインされることで生まれたビジネスです。かつては駅の商業施設としては、駅そばやキヨスクなどが中心で、他には「ルミネ」など駅に近接した商業ビル（駅ビル）が一般的でした。しかし、Suicaが利用されるようになった頃から、駅の意味が変わってきました。「エキュートecute」はエキナカ・プロジェクトのはしりとなった「駅構内開発小売業」です（2005年に第1号店が開店）。従来のテナントへの場所貸し（不動産業）モデルではなく、駅

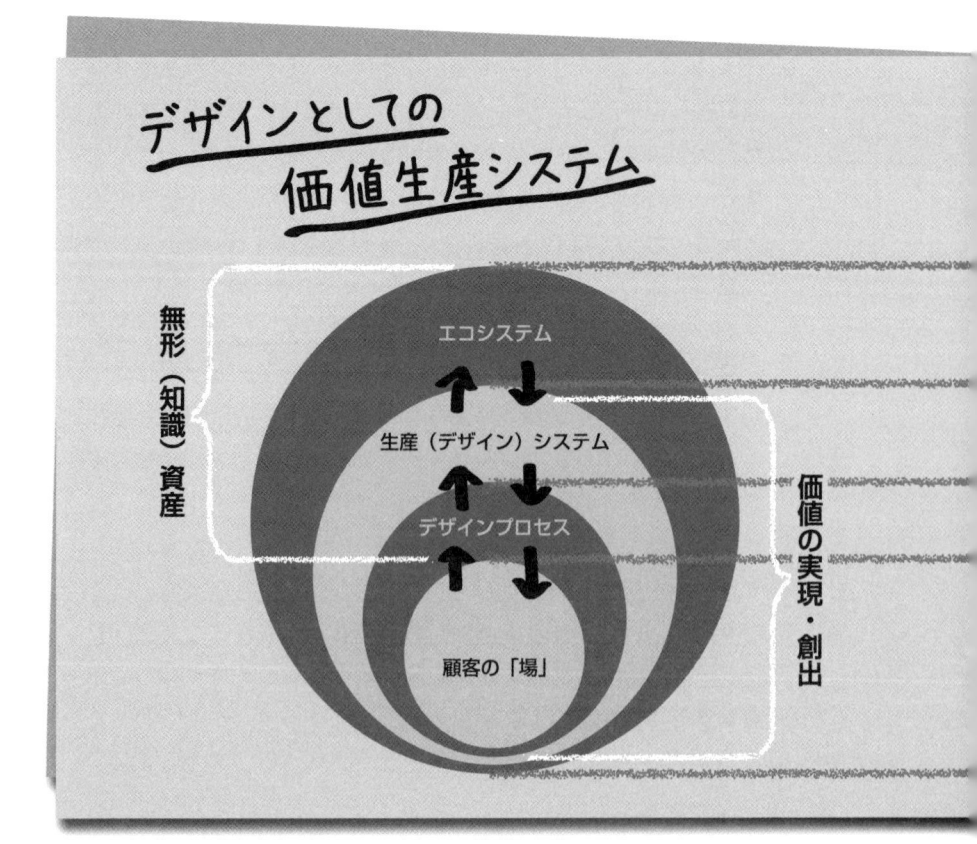

デザインとしての価値生産システム

無形（知識）資産

- エコシステム
- 生産（デザイン）システム
- デザインプロセス
- 顧客の「場」

価値の実現・創出

の環境デザインからマーチャンダイジング（MD）までをトータル・プロデュースし、全店舗で全体としての売上を重視し、マーケティング費用や店舗費用等を除いた後、利益を再配分するという売上仕入方式のビジネスモデルです。このエキナカ・モデルをさらに進めて東京駅地下に2007年秋にオープンした「GRANSTA（グランスタ）」は惣菜・弁当、スイーツ、ライフスタイル雑貨、日本酒など、50ほどのショップを揃えていますが、定期的に店舗を入れ換え人気店を維持できることを特徴としています。

　エキナカは駅を新たな消費空間プラットフォームに変えました。駅近接のコンビニエンスストア「NEWDAYS」は面積あたり売上でセブン-イレ

① デル	② セブン-イレブン	③ 前川製作所	④ インテル
コンポーネント・サプライヤーとのネットワーク（情報共有）	店舗間を繋ぐフィールドカウンセラー、サプライヤー・ネットワーク	生産ネットワークの展開、社会・市場のシステムへの進化	情報産業のエコシステムとしての進化
統合的生産プラットフォーム	ITを駆使した発注システム（グラフィック端末）	トータルシステムとしての設備機器（資本財）の事業化	モジュールセットの供給によるユーザー支援
ウェブベースのBTOインターフェース	機会損失を削減する対話・仮説推論	「共創」による「企業化」計画策定（論理知化）	エコシステムを意識した製品群概念化
大量にPCを活用する、俊敏なビジネス・ユーザーの注文情報の獲得	地域のパートタイマーからのコミュニティの知の獲得	顧客企業の生産現場に棲み込んでの知の獲得	顧客企業の開発現場・情報社会知の獲得

ブン・ジャパンの店舗を抜きました。渋谷駅内のユニクロも高い販売効率をあげています。こうしたインパクトは大きく、JR東日本グループは流通業を売上の4割までに高めようと全体のビジネスモデルをシフトしているのです。

こうした事例が意味するのは、顧客やユーザーの消費行動や利用行動のデザインが市場を生み出すということです。むろん以前からJR東日本は土地という有形資産を保有していました。しかし、駅の意味のリ・デザインがなければ、現在のようなエキナカ事業の展開はなかったでしょう。提供者側からみれば、それはサービス経験のデザインです。経験という見えないコトをデザインすることが価値の起点となったのです。

これは製造業にとっても重要な示唆でしょう。たとえば、POS端末（レジスタ）を例にとってみましょう。POSという有形のモノを売れば、いずれ市場が成熟しコモディティ化していきます。一方、流通や消費の現場で、ショッピング経験や消費経験をリ・デザインし、そこに自社のPOSで培ってきた技術や製品・部品を埋め込み、プロデュースすることができれば、モノの販売というビジネスモデルから、サービス・システムやサービス・プラットフォームの提供事業に発展することが可能と考えられるのです。

【デザイン＝価値生産を基盤とするビジネスモデル】

デザインは二重に重要です。つまり、自社事業のビジネスモデルのデザイン（顧客との関係や収益構造）、およびデザイン・プロセスを内包した価値生産のプラットフォームであるか（あるいは単にモノを売るモデルか否か）を、再度見直す意義はあるでしょう。単にモノを作って売るのでなく、いかにデザイン・プロセスで価値を生むかがカギなのです。

以下のようなよく知られている事例もこういった視点から再認識するとおおいに参考になります。いずれも顧客の現場からの個別的要請を価値に転換するプロセスと、価値を実現するシステムや知識資産を背後に持つビジネスモデルだといえます。

①顧客価値を生み出すDELLモデル

　デル・コンピュータは顧客のオーダーを受けてから顧客の要望に応じた期間でカスタマイズ化されたPCやサーバー製品を発送できます。顧客からみれば、それはパソコンというモノを「買う」という行為ですが、デルを選ぶ背景にあるのは、特定の仕様のパソコンを特定の台数、特定の期日に、安くかつタイミングよく設置したいといった顧客のニーズです。デルはこのことができる受注・製造・物流システムで他社を圧倒しています。

　デルはまずさまざまなチャネルで個人から大手企業まで顧客の個別の要求を把握するプロセスに多くの努力を割きます。パソコンを作ることに注力するメーカーとはこの点が異なっています。デルは顧客から注文を受けるまで何もしない。在庫も持たない。しかし顧客の情報をいち早く集積（order accumulation）した段階で、パートナー企業にその情報を提供し、素早くコンピュータを組み立て、まとめて顧客に提供するというBTO（Built-To-Order注文生産）のビジネスモデルを構築してきました。デルは、こうしたデザイン・プロセスそのものをビジネスモデルにしてきたのです。つまり、**顧客情報を得て → デザイン・プラットフォームを介し問題解決（カスタム化）を図り → 顧客価値を高める**というプロセスです。製造業でありながら、価値提供の仕組みはサービス業であり、基盤には、顧客の要求に応じやすく、かつ注文に応じて部品を集め、PCを組み立てやすくするデザイン・プラットフォームがあります。従来型のPC市場ではデル・モデルは成熟を迎えているともいえますが、そのコンセプト自体は依然有効であると考えられます。

　クラウド・コンピューティングの時代が訪れ、デルはこのビジネスモデルをデータセンター・サービス市場に適用し始めています。つまり、クラウド型ネット・サービスを提供している大手企業を顧客として、彼らのニーズに応じた専門性の高いサーバーを集約し、カスタム化し提供していく。これがデルの「データセンター・カスタム・ソリューション」ユニットの狙いです。

②セブン-イレブンの仮説発注モデル

　セブン-イレブン・ジャパンの経営についてはしばしば紹介され、よく知られていますが、その本質はモノを売るという意味での小売業ビジネスモデルではない、ということです。「セブン-イレブン」の店舗は、情報あるいは知識デザインのプロセスを内蔵した、価値生産システムの一部としてみることができます。それは「仮説−検証」のプロセスとも呼ばれますが、店頭で働くアルバイト店員が1）地域あるいは現場情報を得て、2）それらに基づいて仮説し、3）注文し、4）見えなかったニーズを満たしていくという顧客価値のデザイン・プロセスの主役になります。さらにそれが個店だけでなく、企業全体のプロセスとして共有されているのがセブン-イレブン・ジャパンの強みです。

　各店舗では地域の機会を発見し充足させるための仮説知を創り、それが注文情報から「機会損失の削減」に至る情報の流れを生み出します。現場の高校生や大学生、主婦のアルバイトが、天候や近所の情報などを持ち寄り、それに、本部データを参考として品揃えを考えていきます。品揃えとは欠品のある棚の商品の充足でなく、たとえば、明日顧客が何らかの理由で買い求めにやってきて満足するには何が必要かといった「コト（イベント）」を想定することなのです。あるいは話題になっている商品や新商品を、いったい誰にどのような意味合いで買ってもらえるのかを仮説するのです。

　この個店レベルのプロセスを地域から全社へ、横断的に調整するのがOFC（オペレーションズ・フィールド・カウンセラー）と呼ばれる店舗経営支援担当者です。OFC1名が7〜8店舗を担当し、現場知や情報の綜合を行う。そこで見出される新たなニーズは自社商品の開発（チーム・マーチャンダイジング）に結びつけられていきます。こうしたすべての活動の基本は「仮説−検証」デザインととらえられます。そのための対話の仕組みや情報提供、アルバイトにも使いやすい簡易な注文システム等のプラットフォームを提供しているのがセブン-イレブン・ジャパンなのです。

③前川製作所の企業化計画モデル

　産業用冷凍機や、冷熱エンジニアリングの前川製作所（2006年売上高約1088億円、従業員数約2750名、冷凍機とコンプレッサーでは世界一）は顧客の現場に入り込んで潜在的ニーズを具現化する、「企業化計画」と呼ばれる独自のデザイン・アプローチによって知られてきました。前川製作所は食鳥の自動脱骨処理装置などユニークな製品で知られていますが、それはこういったアプローチの結果なのです。

　彼らは自らを「生物」として自覚しています。なぜか。前川製作所の製品は「資本財」であり、工場全体からみたら「部品」でしかありません。しかし顧客（たとえば食品工場）にとっては、自社製品の品質・コスト・納期を決める生命線です。一方、生産システムは顧客ごとに異なります。冷凍機は、独立した装置ではなく、現実の生産のエコシステムの一部です。そして長期にわたって用いられ、育っていくものでもあります。

　こういった世界観のもとで、まず前川製作所の担当者は顧客の場に棲み込みます。そこから「発生」が起きます。つまり顧客の現場から周辺の機能ニーズが発見され、それを顧客との「共創」によって具現化していくのです。それは顧客の持つ感覚知を論理知化するプロセスとも呼ばれます。そして、単に設備機器を納品するのにとどまらずに、事業化のレベルにまで展開していくのです。

　このような企業化計画のプロセスは処理装置などモノの納品でなく、コトを描いてそのなかに技術や製品を埋め込んでいくデザイン・プロセスだといえます。企業化は、資本財をより大きな生産材と環境との関係でとらえ、ハードのデザイン、さらに次に生産サブシステム、トータルシステムのデザインへと意味合いを広げていくデザインです。最終的には、冷凍装置が新しい産業を生み出す社会システムへと「進化」していくのです。

④インテルのエコシステム・モデル

　インテルのケースも前川製作所とある種似ています。インテルは、かつては回路というモノをデザインしていました。しかし1990年代になると、同社は新たなマーケティング・アイデアを自らの事業の仕組みに埋め込むことの重要性に目覚めたのです。

　背景には、半導体市場ではユーザー企業によるチップの開発が増えており、6割近くがカスタム化あるいは顧客向けのカイゼンというかたちで、リードユーザーが最終部品を開発するようになっていたのです。さらには、パソコン等の製品がネットワーク対応するなど、システムの複雑化といった変化がありました。インテルの回路は「部品」ではなくこうした産業のシステムの一部としての位置づけにまで変化していたのです。

　そこでインテルは産業のあり方、企業や組織間、個人との相互作用からのデザインを志向していきました。つまり、インテルは単にモノづくりの企業ではなく、将来の情報産業を構成する重要なメンバーだということに自らを見いだしたのでした。それは、同社を含む企業・組織間での「共進化」によって、情報産業発展の機会が生みだされるという概念でした。

　具体的には、製品イノベーションの枠を越えて、**ユーザー企業の開発の現場、ユーザーが対象にしている市場、関連するソフトウェアなど、一連のエコシステムとして製品をデザインする**活動に転換していきました。

　結果的にマーケティングが変わっていったのです。たとえば2003年に導入されたノートパソコン用ブランドのCentrinoではCPU、チップセット、無線LANモジュールの3つすべてがインテルから発売されました。従来はチップセット、無線LANモジュール等は他社との差別性がないので販売されなかったのですが、Centrinoに最適化されたこれらの機器はユーザーが最終製品を開発するのを助けることになったのです。

2.3 デザイン人的資本の形成

デザインしないデザイナーを組織化する

　デザインが生産システムや経営の知的基盤となり、デザイン・プロセスが内包されたビジネスモデルが求められるとすれば、それを行うのは誰なのか、どのような人材なのかがあらためて問われるでしょう。たとえば日本的モノづくりからデザイン経営に移行するにはどうするのか。いうまでもなくデザインの知をまとった人材が必要です。少なくとも下記のようなプレーヤーを想定しなければならないでしょう。またデザイン経営にふさわしい組織も求められます。

① 経営者、執行役員
② プロジェクトリーダーや社内の高感度人材
③ 社内デザイン部門
④ 外部のデザイン・サービス組織
⑤ 若い世代

　人材教育も含め、大きな課題です。まずは経営層やプロジェクトリーダーですが、経営にデザイン・マネジメントなどの考え方をどうやって浸透（infuse）させるかは、ずっと以前——少なくとも1980年代からのテーマでした。そこで問題になっていたのは、経営者やプロジェクトリーダーがデザインの考え方だけを理解しても、果たして実践ができるのかという問題でした。

　ただし、それはカタチのデザインが支配的だった頃の話です。当時は、特別な例を除けば、デザイン部門をいかに活用するか、といったデザイン経営のオプションしかありませんでした。たとえばインダストリアル・デザインの領域は、インダストリアル・デザイナーという職能を持った専門家の独壇場でした。しかしいまは「デザインしないデザイナー」の時代になったといっていいでしょう。知識デザインあるいはデザイン思考においては誰でも

がデザインできるといえます。経営者やプロジェクトリーダーが率先してデザインに関わるべき時期になったのです。

これにはデザイナーも含まれていますが、重要なのは「高感度人材」であることです。現場で観察したり言語化したりできること、あるいはデータをある世界としてイメージで表現でき、試行錯誤でプロトタイプを創りあげられる器用さです。また、プロセスを通じての傾聴力や対話力が求められるでしょう。これらは言ってしまえば「人間力」や「教養」「コモンセンス」です。「ナレッジ・プロデューサー」といってもいいでしょう。

知識デザインの知の共有

とはいえ新たな専門的知識や経験や異分野融合も必須です。たとえば、工学が代表する自然科学に対しての人間社会の知である社会科学の分野の知識や経験です。こういった狙いで、研究機関やサービス機関、教育サービスが立ち上がっています。大阪ガスはエスノグラフィーを用いたサービスサイエンスの研究と普及促進を目的に、大阪ガス行動観察研究所を設立しています。文化人類学的な手法を使って、顧客の現場で様々な新しいデザイン知見の発見・発掘をしている。それは観察工学的アプローチともいえますが、各分野で顧客価値実現のためのデザイン的方法への関心が高まっています。

たとえばINSEADやスタンフォード大学の「d-スクール」（b-スクールつまりビジネススクールではない）など、デザインを経営者教育に活用する傾向が強まっています。INSEADはアメリカのアート・センター・カレッジ・オブ・デザインと提携し、デザインをMBAプログラムに組み入れています。スタンフォードのd-スクールは「デザイン思考」を接着剤にして、エンジニアリング、医療、ビジネス、人文学などの異領域が協業しながら、グローバル規模の問題を解決したり、イノベーションに生み出したりすることを狙いに設立されました。このd-スクールを提唱した創設メンバーの一人は、デザイン・イノベーション・サービス・ファームであるイデオ社の

創業者であり、現会長のデイビッド・ケリーです。

　日本ではd-スクールと連携するかたちで東京大学のi-schoolが生まれています。i-schoolは東京大学知の構造化センターの実施する教育プログラムであり、知の構造化技術をイノベーション教育に活かすことを目指しています。＜STRAMD＞は桑沢デザイン研究所で試行されている社会人（若い層から経験豊富なマネジメント層まで）やMBA取得者を対象としたデザイン教育プログラムです。次代への経営変革を行い、社会や生活を創り、国の在り方を考えていける「デザイニスト」という新時代の実力者の人材育成を目標としています。

スタンフォード大学d-スクールの一角　写真：紺野登

イノベーションの「ハブ」となるデザイン部門

　もはや従来のインダストリアル・デザイナーだけがデザイナーではありません。こうした変化を受けて従来の企業内のデザイナー組織も大きな変化を余儀なくされています。上流工程のデザイン組織から市場の最前線まで、積極的に関わっていく必要があるのです。たとえばかつてのモノづくりのためのデザイン部門からイノベーションのハブ（拠点となる場）機能への変化です。

　すでに人員構成も変化しはじめています。いまデザイン部門にはプロダクト・デザイナーやGUIのほかに、ユニバーサル・デザイン研究者、マーケティングプランナー、ビジネスコンサルタント、シナリオ・ライター、そして人類学者などもいます。こういったデザイン組織は、モノだけではなくサービスも含めた広い意味でのプロダクトを作っているといえるのです。

　もっとも期待される役割は、組織間の連携、関係性のデザインでしょう。一般に会社が大きくなるにつれ、全体を見て組織の知を綜合することがしだいに難しくなります。企業にとっては大変な危機です。しかし、組織制度で解決しようとすれば屋上屋を重ねることになります。そこで「ハブ」としてのデザイン部門の役割が期待されるのです。彼らの仕事は、高感度人材を集め、社内のそういった人材とのネットワークを活用して各事業部、各部門の現場に密着しながら実体験をとおして状況を把握することにあります。各メンバーは個別に動くのでなく、定期的に集まって議論し、知識共有を行ってプロジェクトを進めたり、コラボレーション、創発を促したりする。これによって、分断され、分権化された組織知を結集することができるのです。

プロフェッショナル・サービス化するデザイン組織

　デザイン業やデザイン部門というと、プロダクトや建物などのハードをデザインするというイメージがありますが、実際には、デザインのビジネスやサービスのビジネス自体も変わってきています。これまでのデザイン業とい

った職能や形態とは異なる、PSF（Professional Service Firm）という専門的サービス組織という概念で、デザイン事務所や組織、設計事務所のマネジメントが行われるようになってきました。弁護士事務所やコンサルタントなどと同じように、プロフェッショナル・サービスに変わりつつあるのです。

　実際PSFにはさまざまな職種が含まれます。組織的法律事務所、会計事務所、保険のリスクを分析するアクチュアリー等の専門職、経営コンサルタント、人事コンサルタント、人材紹介業やタレント・エージェント、建築設計事務所、デザイン・コンサルタント、エグゼクティブ・サーチファーム、PRエージェント、広告会社、エンジニアリング・サービス会社、ファイナンシャル・サービス、投資銀行、不動産業などです。創造性を糧に働く人々の組織です。社会的変化に応じてこうしたPSFが知識企業のモデルとして一般化してきました。

　『発想する会社！』（トム・ケリー他、鈴木主税他訳、早川書房、2002年）でも知られるようになった米国のデザイン会社イデオ社はイノベーション・サービスを標榜し、自らをPSFと位置づけています。イデオ社は、異種能力のコラボレーションを推し進め、組織的なイノベーションのためのルール、スキルを集積しているのです。彼らは非常に多様な職能集団ですが、「人間的要素のデザインと調査」という活動では共通しています。人間を観察し、デザインに繋げる専門家です。イデオ社の組織は製品ジャンルや地域ではなく提供するサービス・コンセプト（たとえば消費者経験デザインや20歳以下の消費者、など）で構成されています。

　イデオ社のようなサービス・ファームが台頭する背景には、製造業のサービス産業化の流れ、つまり、企業がハードではなく経験のデザイン、人間の経験を価値の基本としようという発想の変化があります。それはとりもなおさず、産業の価値提供のあり方が、モノの販売ではなく、顧客との相互作用の過程での価値の創出と理解へと変化してきたことにあります。

アイデアを生む人々への関心

　こういった組織のイメージは、当然社会的変化に対応したものでもあります。知識経済、イコール、多様な組織社会。これは経営学者のピーター・ドラッカーが主張したテーゼです。21世紀は、経済中心のモデルではなく、創造的な人間が織りなす、不確実で複雑な社会です。21世紀の経営駆動力は、20世紀末の駆動力であるコストとコントロール、管理された組織から、組織的知識創造とアイデアの価値化、そして人間的創造性（デザイン）によるイノベーションとなったのです。

　創造経営、つまりイノベーションエコノミーを牽引する要素として、ドラッカーは「知識労働者（ナレッジワーカー）」の概念を挙げました。そしてドラッカーは、「知識労働者の中で最も多いのがテクノロジストである」と主張しました。

　彼らはITにも専門業務にも強い人々、マニュアル・ワーカーではない人（知を創る人々）であり、病院の検査技師、リハビリ訓練士、レントゲン技師、超音波映像技師、歯科医師、製造現場で品質改善に取り組む人々、サービス・エンジニア、専門知識を持つ事務員、コンピュータオペレーター、コンピュータプログラマー、システム・エンジニアなどです。一方、オフィスで働いていても、「マニュアル人間」ならテクノロジストとはいえないのです。

　都市学者リチャード・フロリダの提唱した「クリエイティブ・クラス」（創造階級）は、そのネーミングから感じられるイメージとは異なり、クリエイターやアーティストなどの限られた人々だけを指すのでなく、日々現場で知識を生み出し、知恵を駆使して働く多くの人々です（『クリエイティブ・クラスの世紀』井口典夫訳、ダイヤモンド社、2007年）。

　テクノロジストは、ナレッジワーカーのなかで最も割合が多く、フロリダの言うクリエイティブ・クラスと重なる部分があります。ドラッカーによれば「先進国が競争力を維持していくための唯一の道がテクノロジストの教育訓練である」と言います。高質な人材育成がますます問われます。日本

でも、実際に国内の就業者数が増加している職業に関する調査を例にみれば、就労人口が減少するなか、一般事務員は大きく減少し、増加しているのは、IT関連従事者などです。医療関連従事者（医療、福祉）もサービス業全般が減少傾向にあるのに対して増加しています。たとえばMR（Medical Representative）や診断情報を分析する診療情報管理士などはそのひとつです。需給の波があるものの日本でも確実にテクノロジスト化が進んでいるといえるでしょう。

新しい世代を育てる

　私たちの足下からも変化は訪れています。たとえば「デジタル・ネイティブ（Digital Native）」とも呼ばれる「デジタル世代」の台頭です。生まれた時、物心ついた頃からデジタル技術やデジタル環境に親しみ、それに伴う「ものの考え方」によって成長してきた世代。世界的にも1980年以降に生まれた世代（2010年段階で、20歳プラスマイナス5歳）は「ジェネレーションY（世代）」や「Z世代」、中国でも2億人はいるという「バーリンホウ」世代と重なります。彼らは中国のネット社会で大きな力を持ちつつあります。

　日本では「若者の海外離れ？　草食系男子？　自発性がない？」などといわれますが、こうした傾向は現在の大人の世界の裏返しでしょう。一方、デジタル・ネイティブのネットワーク力は、むしろ日本企業の弱みを克服できるかもしれません。なぜなら彼らははじめから組織をヒエラルキーでなく、ネットワークと考えているからです。彼らは新時代と新人類の分類というだけでなく、来る10年後の世界のIT業界の変化のドライバー、テクノロジスト予備軍、ナレッジプロデューサー予備軍ととらえられます。私たちはこうした新しい世代とともに、過去からの拘束を打ち破ってイノベーションを生み出していけるでしょうか？

chapter 3
イノベーションを生む デザイン・マインド

durability

「チボリ、アドリアーナ邸庭園」
Giovanni Battista Piranesi
(1720 – 1778)。
イタリアの版画家、建築家、考古学者、ピラネージの描いた古代ローマの廃墟。「持続性」とは何かを考えてみよう。

Giovanni Battista Piranesis

3.1 本質的な価値を求めて

顕在化していないニーズを把握する

　インドのタタ・グループのCEOラタン・タタは、雨の中を4人家族が1台のスクーターで移動する光景を見て「ピープルズ・カー」というコンセプトを発想し、自動車の製造方式や業界の構造を塗り変えました。1台10万ルピー（1ルピーを約2円として20万円）の「ナノ（Nano）」を開発したのです。

　雨の日のインドのムンバイ。混雑した道を意外なスピードで車が走っている。四輪車もあれば三輪車もある。自転車も走っている。その合間を縫って、スクーターが何台も走ってくる。なんと4人乗りです。父親が運転

し、その後ろに子供が一人、母親との間に挟まっている。そして彼女の背にもうひとり。ムンバイでは見慣れた風景です。ヘルメットをかぶっているのは父親だけ。高くて買えないのでしょうか。ラタン・タタは何気なく目に入ったこの光景から驚くべき発見をしました。それは自動車でなく、スクーターを2台並べてシェルターをかぶせたような最小限の乗り物。有名になったエピソードですが、「ナノ」は貧しい人の乗り物というより密集都市における「モビリティ・ソリューション（移動問題の解決）」のイノベーションでもありました。

　いまいちどこうしたBOP（ピラミッドの底辺層）ビジネスの事例をイノベーションとしてみてみましょう。グラミン銀行（Grameen Bank バングラデシュ）は「マイクロクレジット」と呼ばれることになる金融サービスのイノベーションを生み出しました。「貧者の銀行」とも呼ばれる同行は経済学者ムハマド・ユヌスが1983年に創設しました。故郷に帰ってきたユヌスが、市場で働く貧しい女性たちをその目で見て、「このままではいけない」と問題意識を持ったことをきっかけに生み出されたものです。マイクロクレジットは貧困層対象の比較的低金利の無担保少額融資（主に農村部）です。女性を中心に500万人以上いる顧客には、担保を求めるかわりによりよい生活習慣への誓いが求められます。そして、顧客5人による互助グループがつくられます。それぞれが他の4人の返済を助ける義務（連帯責任・連帯保証なし）を持ち、結果的に、貸付金返済率98.9%を誇っています。これは後述するように、従来金融業が見ていなかった、社会的な「知識資本」をビジネスに組み入れた結果です。2006年ムハマド・ユヌスは、グラミン銀行とともにノーベル平和賞を受賞しました。

　こういったイノベーションはBOPや新興国市場に限ったものではありません。日本の製薬会社、エーザイがアルツハイマー型認知症の治療薬を開発した背景には、研究者のお母さんが認知症になってしまい、何とか治療したいという強い思いがあった、というエピソードが伝わっています。

　デンマークのオーティコン（Oticon）という補聴器の会社は、「聴く」と

いうことの本質とその心理的影響の研究をして、人間の心の作用を考えた「心理聴覚学」というコンセプト・イノベーションを生み出しました。そしてカスタム化可能なコンピュータの補聴器をつくりました。その価格は「ナノ」何台分かに相当しますが、決してコモディティに付加価値を加えたから高価なのではないのです。人々が楽しい人生をおくることを目的において、補聴器をコンピュータとしてデザインし、ユーザー個別にカスタム化できるデザイン・サービスとして提供しようと発想の転換を行ったのです。

　これらはいずれも、社会的なギャップに目をむけた際の問題意識を起点としたイノベーションです。まさしくデザイナー的な、ディマンドサイドの発想といえます。グラミン銀行にしても「ナノ」やオーティコン補聴器にしても、底流にあるのは真に人々の問題を解決しようとするコトの創出であり、そのなかに既存の技術やツール、知識を埋め込んでいるのです。これらはイノベーションへのデザイン・アプローチといってもいいでしょう。

　イノベーションのドライバーやシーズは、身近な社会や生活のあちらこちらに眠っています。それは、自分の専門分野や特定技術だけを見ていたのでは気づかないものです。グローバルな教養、歴史に関する知識などを身につけながら、あらためて社会の現場に触れ、感情・身体・知性を総動員することでこれまで見えなかったものが見えてくる。そうした知を創造し「綜合」し最終的にビジネスモデルや製品・サービスにしていく知識デザインのプロセスがイノベーションにつながっていくのです。

　こういったアプローチは大変青臭く聞こえるかもしれません。しかし「会社の都合」中心で社会や個人のあり方を考えられない企業はいずれ見放されるでしょう。創業精神に戻るのでも、自分自身の使命を回復するのでもいい。いったん虚心坦懐になって、人々やお客様が本当に困っていること、社会が本当に困っていることは何かというところからスタートすれば、大きな市場が拓けてくるのだということを認識する必要があります。ユーザーが気づいていない新しい価値を市場の現場で考えること、それがイノベーションで優位性を確保する第一条件になるのです。

付加価値型から本質価値型への視点転換

ところで、タタの「ナノ」は2008年1月に発売されたのですが、当時の日本の自動車メーカーの反応は冷ややかでした。その批判として当時の経済誌に、「今や高級品メーカーになった日系企業の口癖は『今さら普及品を開発するの？』であり、そのすきに新興市場向け低価格品は現地メーカーや韓国勢に抑えられた」という逸話が掲載されたぐらいです。

もっとも、この経済誌の引用での指摘が事実とちょっと違っているのは、「ナノ」は普及型の低価格車ではなくて、コンセプトのイノベーションによって新しいジャンルを確立した車であることです。一見、四輪車に見えるが、実は二輪車。新しい接着工法を確立採用し、ドイツの部品メーカーとのネットワークを活用し、オープン・イノベーションの発想を駆使して開発したものです。それから2年以上も経って、日本のメーカーは小型車を続々投入しはじめました。2年以上も世界のマーケットの動きに遅れていたわけです。

日本企業は、技術的には進んでいても、21世紀の経営パラダイムに合わなくなってきているのかもしれません。80年代、90年代の分析パラダイムの環境に特化していて、今ではその成功体験が裏目に出ているともいえるでしょう。

社会的ギャップから生まれる思い

「ナノ」やグラミン銀行など、いわゆるBOP（ピラミッドの底辺市場）ばかりが注目されてしまいましたが、BOP市場の意義は、1980-90年代を通じて広がってきた世界的ギャップ、経済的不平等や人間として見過ごせない社会的ギャップです。

BOPを大量生産市場の再来、つまり、20世紀型大量生産モデルがまだ有効だ、などとモノの発想で見てはいけないのです。BOPには多様な側面があります。（1）ODAなど開発経済の視点でみるBOP、（2）BOP地域に発生する社会的問題解決、そして多国籍企業が展開する（3）グローバ

ル・マーケティングの一環としてのBOPという市場。これらをひとくくりにBOPとして混同してはならないのではないでしょうか。

　それから、社会的ギャップの問題解決という視点はBOP市場に限ったものではありません。オーティコンの難聴の子供用補聴器のような例、身体的知的障害、自閉症や学習障害など、私たちが見過ごすことのできない事象はいくらでもあります。それらについてバイアスなく変化や兆候をデータとして感じ取る必要があります。イノベーションはその目的と微細な現実の観察のギャップから生まれるのです。

　2010年4月に英国バーミンガム市で開催された「Naidex（ネイデックス）2010」は、ホームケアやソーシャルケア、身障者のためのイノベーションを集めた最大のイベントです。ヨーロッパ中から展示者が集まり、数日間で11万5000人の専門家が訪れました。ここで紹介されたのは、自閉症の児童のためのコミュニケーション支援ソフトウェアや、身障者用の世界最小の腕時計型携帯電話（ワンプッシュでコールセンターにつながる、マイクとスピーカーで顔から離しても使える）、車椅子を自動車に簡単に積み込めるツール、腰痛を改善する椅子、ストレスなくひざまずけるツールなど多岐にわたっています。これらはこういった問題を持つ人々のために構想されたものですが、いずれも人間の行動（行為）をサポートすることがデザイン課題です。結果的に健常者や、予備的なケアにとっても有意義なイノベーションと評価されています。

　社会的ギャップこそ、サステナビリティなど21世紀のイノベーションの課題です。声高にイノベーションの重要性を叫んでも、それがただ企業の利益追求というだけではイノベーションは起きないのです。組織でイノベーションに関わる人々が生身の人間として、そういったギャップを目にし、未来への影響を考え、現場を観察し、目覚め、火がつくような場、新たな関係性を構想できるような場を設けていかねばならないのです。

　いうまでもなく、閉鎖的な組織からはこうしたイノベーションは生まれません。企業のこれまでの強みやルールに縛られていては新たな未来の可能

性を開くことはできないでしょう。企業の戦略も過去のデータの分析からはじまるのではありません。少なくとも環境の不確実性が高い21世紀の企業においては、自ら「いかにあるべきか」という高邁な目的とともに戦略をとらえるべきでしょう。

20世紀とは異なるサステナビリティの意味合い

　サステナビリティというテーマにしても、意味が変わりました。20世紀と21世紀ではまったく異なるものとなるでしょう。20世紀的サステナビリティとは、モノを行き渡らせることが重要だった大量生産の時代のそれであって、技術企業が台頭し、モノの普及、生産によって引き起こされる供給過剰や、その反動として公害、社会・文化の破壊が生じた時代のものです。それによって企業市民主義等の「倫理企業」論が台頭し、贖罪的、地球環境保護のためのサステナビリティが課題となりました。企業活動は自然資本、知識資本の一方的搾取（ノー・リターン）であり、その反動としてサステナビリティ施策は「金がかかってもやるべき」という比較的ストイックな認識が生まれていきました。これには1980-90年代の画一的グローバリゼーションに対する反省や反抗といった意味合いも含まれていました。

　一方、21世紀は、複雑な環境の中で、持続性自体が経営課題になってきた時代です。私たちはサステナビリティについてのマインドセットを変える必要があります。それは社会・文化・経済のサステナビリティです。いかにモノではなく、サービスを含め、自然資本、知識資本の社会最適を図るかが企業・社会にとっての挑戦となりつつあるのです。「環境にやさしい対策」・持続的な環境の維持から、持続的な社会・文化を目的とした事業、エコキャピタルの経営への変化といえるでしょう。

　倫理的側面は基盤となりますが、そのうえで社会的洞察・知識と技術を組み合わせなければ新しい価値は生まれません。そこでは「共通善」に結びつく高邁なビジョンをもとに技術と社会の間を創造的に調停していく必要があるのです。それはグローバルな課題であり、技術主義から人間主義へ

の転換です。

　こういった社会・文化のサステナビリティがイノベーション、利益の源泉となる、という認識が広がりつつあります。モノ・環境・人間の関係をデザインできる創造的・美的企業（アート・カンパニー）がエクセレント・カンパニーとなる可能性を生み出しています。そこではデザインの対象は、当然製品だけでなく、サービス、製品の提供形態、マーケティング、ビジネスモデルにまで関わるものです。

　サステナビリティは、CO_2の削減（地球温暖化防止）など地球環境のことだけを考えるべきものではありません。そもそも人間のあり方がそれらに影響を与えるのであるから、人間の生き方の本質的あり方を問うのがサステナビリティだといえるのです。たとえばCO_2を削減しているからといって、人間を殺伐とさせてしまうようなデザインでは駄目なのです。人間の情感に訴えて、自然なライフスタイルをうながし、価値を生み出すアプローチが求められるのです。

　米国の化粧品会社アヴェダ（売上高約70億ドル）は、「美は、私たちが生きる社会を大切にし、私たちの生活スタイルにおける調和や他者との人間関係の調和を高めるものです。美しい人であるためには、良い人である必要があります。美は結果ですが、同時に、その結果に向かって進んでいく過程でもあります」というミッションのもとで、こういった「コト」を実現するためのものとしてヘアケア、スキンケアなどの商品をサロン顧客に流通しています（米国で消費者に最も好まれている美容院がアヴェダ・サロン）。アヴェダは多くの活動でイノベーションを志向しています。たとえば化粧品会社として初めて100％風力発電で生産をはじめました。同社は新しい風力発電から電力を購入し、米国ミネソタ州の製造、流通、本社からなるアヴェダの主要施設が消費する電力の100％を風力発電によってまかなっています。その他、製品コンセプト、製品やサロンの環境、教育、製品の製法などのイノベーションなど、従業員にこうした経験が職場で働く喜びにつながると標榜しています。

このアヴェダの例を考えてみて下さい。同じ電気というコモディティではあるのに、風力発電で発電された電気に、人々が価値の差異を見いだしているということなのです。これは実は水資源や他の資源でも起きている現象です。ユーザーによるインフラ・サービスの選別が始まっているのです。あるいはユーザーによるエネルギーのデザインのはじまりなのです。

利益を生むサステナビリティ・イノベーション

20世紀の「サステナビリティの経済計算」は、たとえばエネルギーコストやCO_2費用削減をすすめるうえでの「対策コスト」のためにいくらかを利益から捻出する、というモデルになりがちでした。だから、100年後に地球の気温が上昇するのを防ぐために経済成長とのバランスをとりつついくら投資すべきかが課題でした。

しかし、もし何らかのイノベーションが生まれて、エネルギーコストと

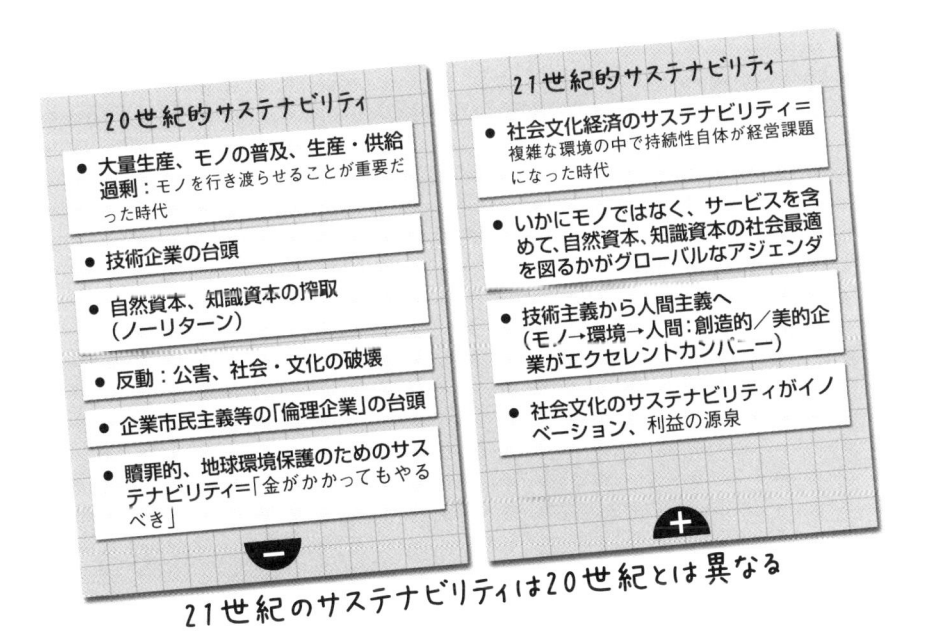

20世紀的サステナビリティ

- 大量生産、モノの普及、生産・供給過剰：モノを行き渡らせることが重要だった時代
- 技術企業の台頭
- 自然資本、知識資本の搾取（ノーリターン）
- 反動：公害、社会・文化の破壊
- 企業市民主義等の「倫理企業」の台頭
- 贖罪的、地球環境保護のためのサステナビリティ＝「金がかかってもやるべき」

21世紀的サステナビリティ

- 社会文化経済のサステナビリティ＝複雑な環境の中で持続性自体が経営課題になった時代
- いかにモノではなく、サービスを含めて、自然資本、知識資本の社会最適を図るかがグローバルなアジェンダ
- 技術主義から人間主義へ（モノ→環境→人間：創造的／美的企業がエクセレントカンパニー）
- 社会文化のサステナビリティがイノベーション、利益の源泉

21世紀のサステナビリティは20世紀とは異なる

CO_2コストが不要（たとえばゼロ）になったとしたらどうでしょう？　そのイノベーションにはいくらの価値があるでしょう？　その価値が、従来であれば支出するはずだった毎年の「対策コスト」を上回れば、それはサステナビリティが利益を生むという構図になるのです。

日本でも多くの企業が環境経営に取り組んでいますが、環境貢献へのコストをCSR的な観点だけで行うのは容易ではありません。ビジョンと当座の利益を矛盾なく両立させればよいという問題ではないのです。そこで積極的に環境やサステナビリティがイノベーションの源泉と考える姿勢が不可欠になりますが、「企業倫理」の視点からこうした利益の追求を批判する意見も少なくありません。しかし、ではどうすればよいというのでしょうか。

米国のアウトドアウェアメーカーのパタゴニアは、環境への貢献という観点からはいうまでもなく「トップ企業」ですが、彼らは営利企業であることを自認し、イノベーションと利益について能動的な姿勢を保っています。創設者イヴォン・シュイナードによればパタゴニアの第一のゴールは、「私たちの地球を守る」ことだといい「自然な成長」が同社のポリシーです。パタゴニアは現在売上高300億円ほどの企業であり、他のナイキなどのブランドには及ばないものの高い利益率を維持しています。そして利益の出る出ないにかかわらず環境貢献を行っています。

Patagoniaのフットプリント・クロニクルは同社の製品が
デザインから納品にいたるまでどのように地球に足跡を残しているかを追跡し、
企業としてのあり方と習慣を検証する試みである

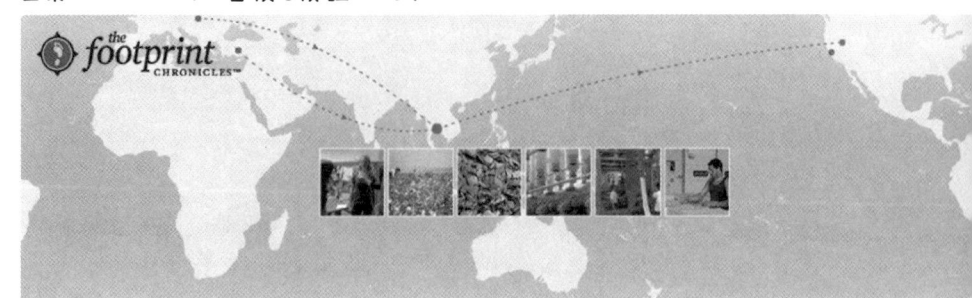

写真：パタゴニア・ウェブサイトより転載

同社のミッション・ステートメントは「最高の製品を作り、環境に与える不必要な悪影響を最小限に抑える。そして、ビジネスを手段として環境危機に警鐘を鳴らし、解決に向けて実行する」ことです。パタゴニアに限らず企業はビジネスを通じて地球の健康に何らかの影響を与えています。これをフットプリント（地球への足跡）として認識し、自社製品で環境問題の懸念があるものは事業的に有望でも製造販売を中止します。しかし、これが次に新たな挑戦としてとらえられ、新商品開発がすすめられ新市場が生まれるのです。デザインにも相当のこだわりをみせます。新たな知の伝播に同社は積極的です。その環境へのインパクトが、ウォルマートなどの企業を通じて広がることを狙いとしているのです。

3.2 人間的価値中心の経営へ

プロダクト・アウトの限界：ディマンドサイド経営への転換

　日本は、いまだに世界で最も技術力のある国とみられていますが、その製造業の利益率は欧米の有力企業と比べれば格段に低い。研究開発投資をすれば、新しい市場が生まれて、営業利益率が上がるはずですが、そうなら

> 　日本はおそらく世界で最も重要な技術部品の源泉である。……しかし（日本国内市場の）成功にもかかわらず日本は事実はグローバル携帯市場では敗者となった。トップメーカー7社のうち、日本企業はソニーエリクソンだけである……日本の市場リーダーはシャープだが、世界では8位。……（日本のメーカーは）ユーザーが求めるものを理解していない。トップ3社（Nokia、Samsung、Motorola）はハイエンドではなく新興国の低価格電話を求める層を狙っている。……しかし最も大きな問題は企業のプライドである。
>
> 　　　　　　　　　　　　　　　　　『エコノミスト』誌2008年3月7日号

ないのは、ビジネスモデルを含めてモノづくりの機能やテクノロジーが今日の状況に合致していないからでしょう。モノづくりの強みを持続させながら、今日の環境に適合したテクノロジーやビジネスモデルを考えなければならないのです。

いまやイノベーションはどのような業種においても必要不可欠になっていますが、20世紀型のイノベーションの概念とはかなり違っています。研究所から出てくる科学技術的イノベーションではなく、顧客や市場の現場を虚心坦懐に観察し、そこから派生してくる仮説推論的アプローチを基本としたイノベーションへと概念が生まれ変わっているのです。

こうしたイノベーションを起こすためには、「ディマンドサイド経営」を基本とした組織の知の総動員が必要になります。組織能力としても新しいパワーを持っていなければいけない。それゆえ仮説推論的アプローチを基本としたデザインが注目されているわけです。20世紀型のプロダクト・デザインではありません。顧客の現場から相互作用的に「知をつくる」という方法論なのです。これは単に顧客志向や消費者志向というモットー以上の企業・組織の知の構造転換を意味しています。

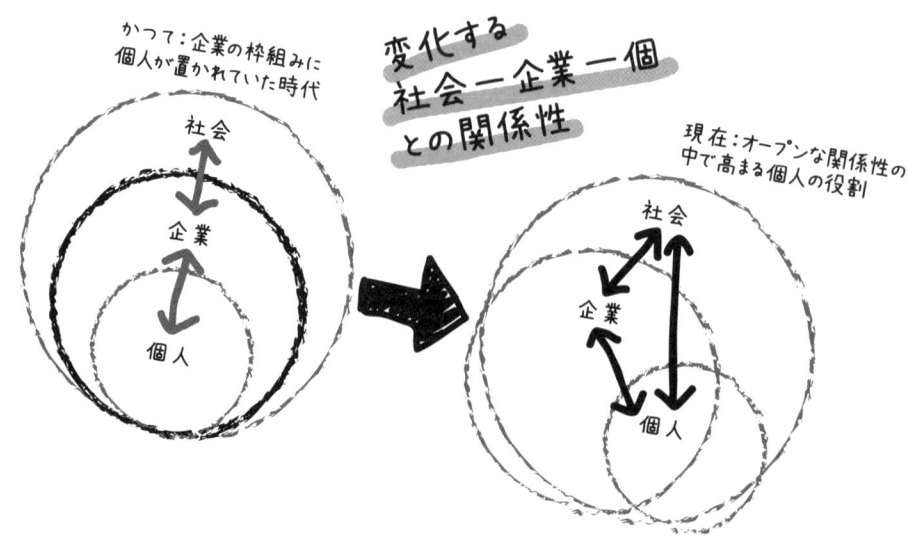

変化する社会―企業―個との関係性

かつて：企業の枠組みに個人が置かれていた時代

現在：オープンな関係性の中で高まる個人の役割

山田博英氏のレクチャーに基づき筆者作成

元日本サン・マイクロシステムズの山田博英氏は、かつてコンピュータのマウスを発明した米国の研究者ダグラス・エンゲルバート（Douglas Engelbert）からインスピレーションを得て、激変する社会の中での個人の役割の重要性を説いています。かつての高度成長期などにおいては、個人の行動は企業やその企業が属する社会との同心円的構造に置かれていた。それは社会的目的と企業・個人の目的の合致であった。こういった時代の経営や情報システムは企業内論理をベースにしていれば作動した。しかしこれが環境の不確実性・複雑性が高まるにつれ機能不全を起こすようになった。いま求められるのは、個人がより広く社会との対照による目的判断を行って、企業と個人の関係を調整し、オープンな関係性をシステム内部に取り込むことが肝要だと主張されています。つまり、「ディマンドサイド経営」への転換と同様の構図の転回を指摘しているのです。

関係性／経験のデザイン

イノベーションとは、革新的な技術あるいは革新的な方法による技術の活用と、提供者のシステム、ユーザーの利用や消費の形態（行為や行動）の革新を通じて、顧客の問題の解決や新たな創造的な社会的関係性を創出することです。イノベーションの実現のためには、顧客の現場からの洞察や顧客との協調・協働が基礎となるでしょう。

モノづくり企業にとっての大きな挑戦は「プロダクト」を「モノ」ではなく、サービスやソフト、システムとの三位一体でつくり上げ提供する（「売る」のではない）ことです。それは単なる結合や積み上げではありません。「コト」つまりこれらの要素の新たな関係性の中に、「モノ」つまりハード、ソフト技術や部品有形・無形資産を埋め込むということが狙いです。デザインは経験から新しいものを生み出すための方法です。技術に知識やソフトなどの知識資産を組み合わせ、顧客との関係性の中で提供していくことが、企業経営や経営者の大きな課題になってきています。

たとえばオフィスから「ワークプレイス」への視点の変化を例としてあげ

ましょう。21世紀の本格的知識社会に入って、企業の価値は知識創造を行う人々（社員）の頭脳や関係性、知の創造から生まれるという認識はかなり現実的になりました。知の創造とは社会的相互作用です。しかもそのネットワークは必ずしもオフィスというハードな器に限定されなくなりました。ところが、オフィスは人々が集い、交流して企業の価値を生む「場」としてますます重要になっています。ただし、それは従来の業務処理を行うためのオフィスではないのです。

　20世紀のオフィスが、社員が集まり、分業して情報処理するための施設だと極論すれば、21世紀のオフィスは人々が集まり、交わり、つながり、知を生み出す空間です。「ワークプレイス」の視点が重要です（最近はワークプレイスからファンプレイス、つまり楽しい場所などという言葉もでてきましたが）。オフィスというモノをつくるのでなく、ワークプレイスという場、あるいはコトのデザインをして、そのなかにオフィス家具やITといったモノや技術を埋め込む──そういった視点が重要になってきたのです。オフィス戦略はこれまで総務部門やファシリティ・マネジメント部門が主な担当だった（それでよかった）のですが、いまや人事や経営企画など、さらにはユーザー自身を巻き込むものであり、結果的にはトップのビジョンや彼らの判断を要するものになっているのです。

　情報サービス産業でも同じことが起きています。かつてのメインフレーム・コンピュータ、クライアント・サーバー・システムの時代を経て、クラウド・コンピューティングなどネットワーク・サービスの時代が到来しています。かつてこの産業の価値はハードやソフトウェアであり、それらの「モノ＝システム」を顧客の要求（仕様）に沿ってインテグレーションすることにありました。しかし、もはやそこからは大きな価値は生まれてきません。価値を生み出すのは、顧客がその顧客との関係性から価値を生み出すような、プラットフォームのデザインによるものとなっています。

　任天堂がWiiをつくったときには、既存の発想にとらわれないで、携帯ゲーム端末の女性層や中高年層への浸透を狙い、運動や自己啓発などゲー

ム的ではないコンテンツの開発に注力しました。その根底にあったのは、ただ新市場を開拓するのでなく、「テレビゲームは家族に嫌われているから、家族に嫌われないハードをつくろう」という全く違う発想でした。ゲーム機やゲームソフトを売るのでなく、ゲームを通じて家族とのコミュニケーションを提供しようとしたのです。

　いずれも、共通するのは、単品思想から社会的あるいはネットワーク的な関係性への転換です。コトのデザインが先行し、そのコト、つまり社会や生活における行為や出来事の中に技術やモノを埋め込むという視点の転換です。

顧客にとっての「よいコト」のデザイン

　それは都市生活者の行為や行動を劇的に変革する、社会や経済におけるトータルな価値を提供するためのビジネスモデルの観点です。

　繰り返しますが、モノからコトへ、ではありません。ちなみに1980年代（日本のバブル経済期）、ある百貨店が「モノからコトへ」という主旨のキャンペーンを行っていました。この時代の考え方は、本当のモノよりも記号化された夢のようなイメージ、広告のイメージや意味でモノを売るというものでした。そこでのコトとは仮想的なものでした。バブル期に重なり、誰もがどこかで正当化しえない違和感を覚えていました。しかし、いまここで私たちがいっているのは異なります。生々しい生活や社会の個別の事象、日々の現実的経験としてのコト（事象、現象、経験）を意味しているのです。またコトとモノとの両方が大事なのです。イメージではなく、現実のコトづくりとモノづくりの融合が課題なのです。

　都市生活者の行為や行動を大きく変えたコトのサービスとしては、「クロネコヤマトの宅急便」宅配サービスがあります。世界に類のないイノベーションだと思います。顧客の生活時間の変化に応じて、きめ細かくモノを送り届けるというサービスは、モノの物流やサプライチェーンなど配達の効率性からでなく、顧客である都市生活者の多様なディマンドを基点にした「よ

いコト」のサービスです。それを情報技術を駆使して細やかにデザインしてきたのが宅急便です。たとえば、最近ではモノを場所に届けるのでなく人に届けようと、携帯での告知サービスを導入しています。宅急便は私たちの生活形態を大きく変えてきました。技術も飛躍的に利便性を高めるのに活用されてきましたが、根底には豊かな社会のためにという理念があります。地域社会を最も知っているのも彼らです。最近街で見かける自転車配達は都市の環境、安全への配慮を物語っています。

人間中心思考としてのデザイン・マインド

　しかし、私たちは顧客のことを本当に理解しているでしょうか。20世紀とは異なる、21世紀になってからのイノベーションに対する大きな視点の変化は、イノベーションとは技術中心でなく、「人間中心」だという認識です。ただしそれはかつての人間工学的な視点やヒューマン・インターフェースの重視でもなく、あるいは人間が自然を支配するといった思想でもありません。人間の内面における価値や、社会的現実として表出した問題を注視するという意味です。

　イノベーションは、人間社会に生じたさまざまなギャップの発見から生まれます。とくに社会的弱者が抱えている問題は、広く社会が持つゆがみやきしみの兆候であり、これを解決するような（そして新たなビジネスとしてデザインする）視点が、本質的イノベーションに結びついていきます。あるいは、私たちが少子高齢化などを目のあたりにして社会的な幸福や楽しさなど「共通善」を志向すべきだと考えるときにイノベーションは生まれるのです。

　今日のイノベーションは、ディマンドサイドの論理をベースにして、社会に役立つ、最適の価値を生み出すという発想に立脚しなければなりません。たとえ安価な製品であっても、そこに尊厳、美徳など人間や社会の見えない価値を探求することで高価値製品に転換できる。そのためにも人間の本質的価値からイノベーションを出発させる必要があります。きわめて「青臭く」

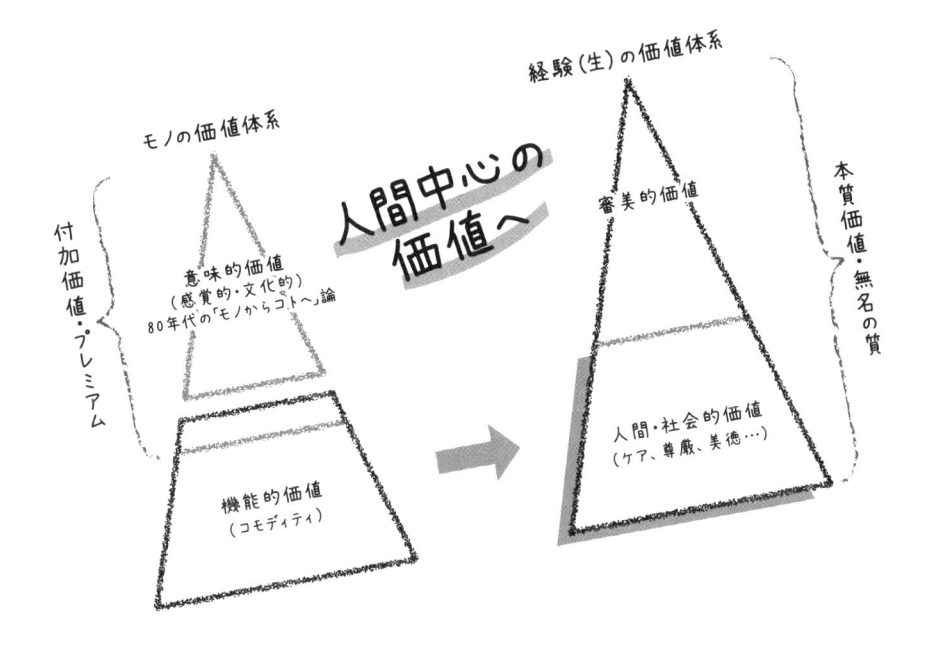

聞こえるかもしれませんが、それが今求められているアプローチなのです。

これまで日本は機能的価値を重視してきましたが、コモディティ化や競争が激しくなり、そこでさらなる付加価値をつけようとさまざまな記号性や機能性を付加してきました。しかし、デザイン思考はこういったプレミアム戦略などの「コモディティ＋付加価値（モノの価値）」とは異なる、「人間的（本質的）価値（コトの価値）」の追求です。これは明らかに異なる価値の計算方法となります。図右の場合は、認識された価値を最小限の「原材料」で実現すれば低価格で実現できるし、それをさらに充実させていけば最終的に高価格かもしれないが、決して「付加」的プレミアムとしてではなく、本質的価値のまま優れたモノやサービスを提供できるのです。

こういったことを具体化する際、背後にあるのは、従来の経済学や経営学の限界を越えるような、人間のマインドのパワーによる思考（デザイン・マインド）ではないかと思われます。それは従来のエンジニアリング的、論理的思考とは異なるものです。その源泉として「デザイン思考」があるといってもいいでしょう。

地球規模の変化に直面するビジネス

　こうした価値体系の変化はグローバルな経済の変化とも関係しています。かつてG7の国々の経済は1980-90年代を通じて一貫して世界のGDPの3分の2を占めていました。けれども、21世紀になってバランスが崩れました。中国経済が米国と並ぶ、といったニュースが流れていますが、いまやBRICsと新興国市場を含む非G7地域のGDPが世界の過半を超えるに至っています。こうした現象は顕著です。たとえばSNS（ソーシャル・ネットワーク・サービス）「フェイスブック（face book）」登録ユーザーの増加をみると、2006年までは米国が中心でしたが、それ以降はどんどん差が開き、2009年では米国ユーザー100万人に対してそれ以外の地域が250万人と急速に増え、米国ユーザーは3分の1程度になっています。

　こうなると発想を変えざるを得ません。日本はこれまで世界の3分の2にあたるG7の国々に付加価値の高いモノを提供する輸出型製造業を成長の基盤としていました。それが2分の1になり大きく様相を変えたのです。

　ベルリンの壁崩壊以降の20年、西暦2000年を境にした前後10年で世界は大きく変わりました。20世紀から21世紀への経済の変化はまさに非連続的です。リーマン・ショック以降は、それまで支配的だった市場主義経済自体のあり方が問われています。当然、経営という面でもこれまでとは異なる新たな思考スタイルが求められるわけです。

　地球規模の最大の変化要因のひとつは「都市化」でしょう。2030年には、世界の人口の6割にあたる50億人が都市部に住むとされています。21世紀の世界に影響を与える最大の変化の要因が都市化なのです。そこから環境問題や高齢化社会などの諸問題が発しているからです。2008年には世界人口66億人のほぼ半数、33億人が都市住居者となりました。かつて都市対農村の人口比は3：7だったのが5：5になったのです。2050年推計人口は90億7500万人ですが、その大半が都市生活者になり、そこでは7：3に人口比が逆転するのです。都市生活者の生活行為や仕事をいかにデザインできるか。日本においても基本的に人口減のなかで大都市部の減少率は平

均の半分以下です。

少子高齢化が進む日本やこれまで先進諸国と呼ばれた地域では、世帯構造の変化やそれに伴う社会的変化が影響を持ち始めています。2010年には日本で最も多い世帯構成は単身世帯となっています。「夫婦と子供二人」というファミリー形態はもはや少数派になりつつあります。

一方ではデジタル化の進展が世界的なインパクトをもたらしています。日本や米国では「デジタル・ネイティブ」世代が関心を集めていますが、都市型経済を志向する中国でも「八〇后（バーリンホウ）」（1980年代生まれ）などのネット世代が旧来の価値観を変えていこうとしています。

都市化はソリューション・ビジネスやサービス・システムにとっても究極の課題かもしれません。たとえば情報通信技術などは単なる課題の改善だけでなく、従来行ってきた仕事のやり方や生活の仕方などを劇的に変革する力を持っています。もちろんそれは社会のために役立つことが狙いです。

予測できなくなってしまった世界

20世紀の経済・社会を支えてきた信条や仕組みは根本から変化しました。2009年5月、FRBのベン・バーナンキ議長はボストン法科大学卒業式のスピーチで物議をかもしました。リーマン・ショック後、大きな転換を余儀なくされた米国型資本主義の舵取りをする人物が、自己否定とも思われる発言をしたからです。その一部を紹介しましょう。

> 「エコノミスト、そして政策立案者として、これまで私は未来予測に関する多くの経験を積んできました。……しかし、残念なことに、その経済予測は惨憺たる結果となることが多いのです。
> 　ある意味において、経済予測は天気予報より難しいと言えるでしょう。なぜなら経済とは、物理の法則に従って行動する分子の塊ではなく、自分自身で未来について考え、そして自身や他人が立てた予測に影響を受けて行動が変わる人間によって構成されているからです。」
> 　　　　　　　　　　　　　　　　　　　　　　ベン・バーナンキ

つまり従来の経済政策の基盤になっていた分析力（未来予測）が力を失ったというのです。しかも、経済学といえばそれまで物理学の法則性を金科玉条としていました。それが人間中心の不確実で複雑なモデルにとって代わったというのです。確かにこの時期、経済専門誌でも「経済学の死」（『エコノミスト』誌）が叫ばれました。21世紀は20世紀とはまったく異なる状況を私たちにつきつけているのです。

米国の経済学者のレスター・サローは、20世紀末に、次世紀を見通して次のように語っています。

> 「(21世紀に）私たちは多くの例外的事象を目にするだろう。これらの例外は基本的に経済的大地震や大噴火に匹敵する。別の言葉でいえば、それらは単に表層的な現れにしかすぎない。もっと深く、根本的な変化が私たちの経済的世界の構造には潜んでいるのだ。」
> （*Rethinking the Future*, Nicholas Brealey Publishing, 1999）

当時はニューエコノミー・ブームの只中だったから、ずいぶん悲観的なことをいうものだと思われたでしょう。しかし、現実、2000‐01年にかけてはネットバブルが崩壊し、エンロンの倒産、世界貿易センターの爆破、イラク侵攻などの事件が矢継ぎ早に起きていきました。それでもそれらは表層的な兆候でした。より大きな変化は、リーマン・ショックと日本企業の低迷の長期化でした。サブプライムローン問題に端を発したアメリカの金融危機は当初、日本企業への影響は限定的と思われていましたが、グローバル経済の構造的変化に翻弄される結果になったのです。

創造性こそ新たな経済の燃料

これまで世界経済をリードしてきた米国型資本主義自体、限界を迎えたといえるでしょう。リーマン・ショック後の経済について、世界最大の投資会社PIMCOのモハメド・エラリアンCEOは次のように述べました。

> 「世界の成長率は危機前ほど高くない。世界経済が成長の方法を変えたからだ。飛行機に例えれば、これまでは米国という巨大なエンジンを1つ持ち、負債という特殊な燃料を使って高く飛んだ。今後の飛行機はエンジンを複数持っているが、それぞれは大きくない。しかも負債に頼らずに飛ばなければ高度（成長率）は落ちる。」
>
> 『日本経済新聞』2009年10月12日

これは何より従来の経済や経営のモデルが役立たなくなったことを意味しています。「負債に頼らない」とは何か。それは、株式市場に依存した実体経済以上のマネーゲームではなく、顧客のニーズに目を向ける経済であるべきだということではないでしょうか。

背景にはBRICsや新興国市場の企業の台頭もあります。2009年末の世界の企業調査では、フォーチュン有力企業500社のうち、BRICs系企業が60数社を占め、日本企業の数を上回りつつあります（日本除くアジアは69社）。5年前には日本企業は68社でしたが現在は61社程度。世界経済はまさに多くの小さなエンジンで飛ぶ構造になりつつあるのです。しかも、そのエネルギーは、日常的・組織的・持続的なイノベーションといえるでしょう。

これまでイノベーションという言葉は当たり前のように使われ、ハイテク産業だけでなく、各業界・業種でその重要性が指摘されてきました。さらにそれを加速する要因のひとつとしてリーマン・ショックがありました。ようやく負債による経済成長でなく、意義あるイノベーションによる成長に気づいたのです。それは、金銭的価値ではなく、サステナブルな人間の顔をした経済や社会性の重視を示唆しています。

これは米国の凋落などといったありきたりの結論にはならないでしょう。とくに日本企業も含めて世界中の企業が1980-90年代のモデルでは成長できなくなっているのです。企業経営もこれまでと同じようなアプローチでは

新時代を切り拓くことは難しくなったのです。人間的な価値（コトの価値）を追求したクリエイティブなエンジンを持たなければいけません。

3.3 デザイン・アントレプルナーシップ

　実は最もイノベーションが起きるのは恐慌の時代やリセッション期です。こういった時期にアントレプルナーが輩出され、過去の価値観を否定して、新たな事業を興し、起業するのです。日本でも1930年代の昭和大恐慌時に、いま日本経済の主要部分を占める大企業が創業していったのです。ただし日本の場合、第2次大戦後になってからは世界の主役となるような新興企業が生まれておらず、アントレプルナーシップやイントラプルナーシップが発揮されていないということが問題となっています。

　いまアントレプルナーシップが発揮されるべき焦点は地球規模でのさまざまな変化です。こうした社会的変化がイノベーションの源泉となる時代になったのです。

シュンペーターの「新結合」とデザイン

　イノベーションの概念を打ち出したのは20世紀初頭のオーストリアの経済学者、ヨゼフ・シュンペーター（1883-1950）でした。シュンペーターが『経済発展の理論』（1912年初版、塩野谷祐一他訳、岩波文庫、1977年）で、ダイナミックな経済発展には、生産手段の社会的再配分が必要と説いて「創造的破壊」と「新結合」を提唱したことはよく知られているでしょう。実は、「創造的破壊」と「新結合」こそ、デザインの本質なのです。

　シュンペーターは、イノベーションは企業家の「企業家精神」によってなされると謳いました。健全な経済は、決して静的均衡状態にあるわけでなく、イノベーションや変化によって、絶えず需給バランスは破壊されると考えていたようです。そして、新結合の遂行をみずからの機能とし、能動的要

素となるような経済主体として企業家こそが経済を発展進化させるキーパーソンと考えたのです。

その当時には、まさに電気機器や自動車、製薬など、20世紀の産業を構成する企業が勃興し、そういった景観の中でシュンペーターはイノベーションを構想したのでした。シュンペーターの定義では「企業家」（あるいは企業者）が、勇気ある努力によって消費者の心を掴み、市場を一時的に独占したような場合こそ、イノベーションは起きる。ただしその成功はあくまで一時的であり、新たな競争に身を投じ、「創造的破壊の暴風雨」が吹かなければ経済は発展しない、というのが主張でした。しかし、彼の期待とは裏

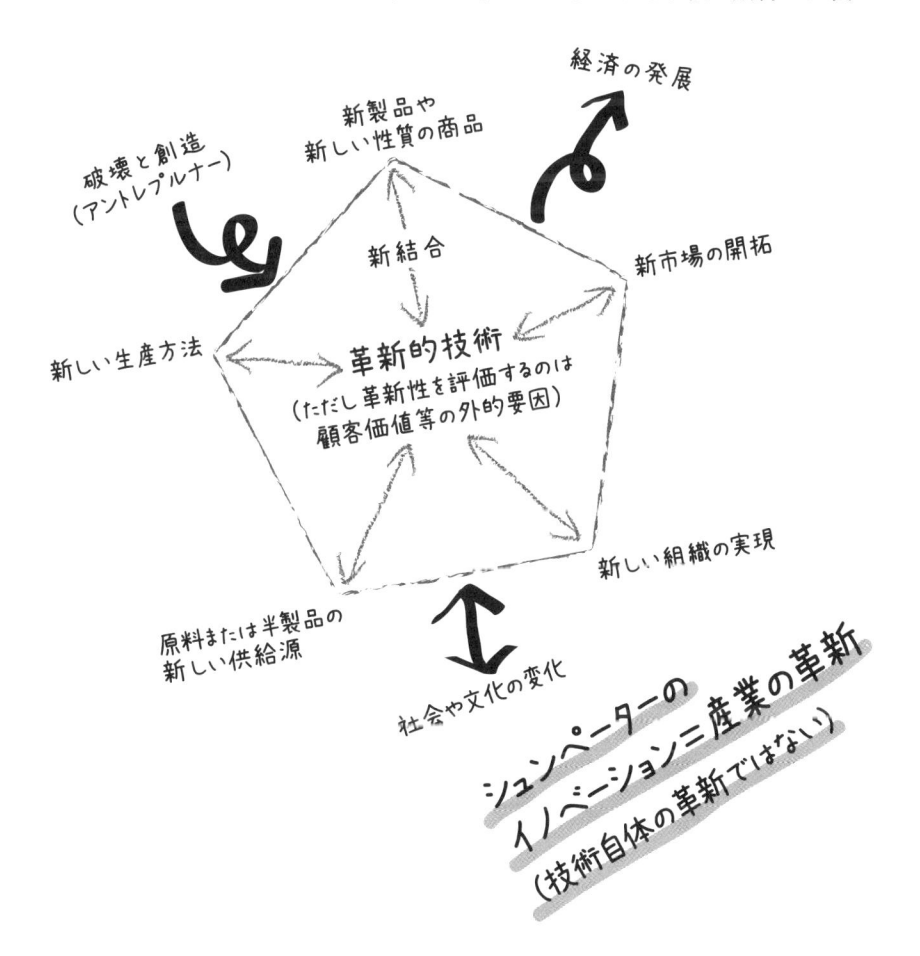

破壊と創造
（アントレプルナー）

新製品や新しい性質の商品

経済の発展

新結合

新市場の開拓

新しい生産方法

革新的技術
（ただし革新性を評価するのは顧客価値等の外的要因）

原料または半製品の新しい供給源

新しい組織の実現

社会や文化の変化

シュンペーターのイノベーション＝産業の革新
（技術自体の革新ではない）

腹に、企業は成功して大企業となるや、均衡や安定を求め、次第に官僚化していくようになる。晩年のシュンペーターは、そんなイノベーションの死を目の当たりにし失望のうちに死んでいったといいます。

シュンペーターが20世紀初頭に抱いたイノベーションの夢は破れましたが、いままたその必要性が復活しています。とくに経済的な不安定さが続く欧州では、イノベーションが地域の平和と安定、それを支える持続的経済発展に不可欠という認識があります。欧州各国は第2次大戦後の内省から、軍事・宇宙などの大型科学研究予算が大きくない、すなわち「欧州圏の平和維持のための経済のサステナビリティを生み出すためのイノベーション」という理解があり米国のような軍事的イノベーションには大きな投資が向かわないのです。優秀な中小企業、教育レベルの高さ（米国は高文盲率社会）、産・官・学連携の伝統、国の関与等、米国よりも日本に近い社会構造を背景にしたイノベーションが試みられています。

よくいわれるように、イノベーションを「技術革新」と訳したのは、1956（昭和31）年の『経済白書』でした。この年の経済白書は戦後から10年を経て、「もはや『戦後』ではない」という流行語を産み出しました。

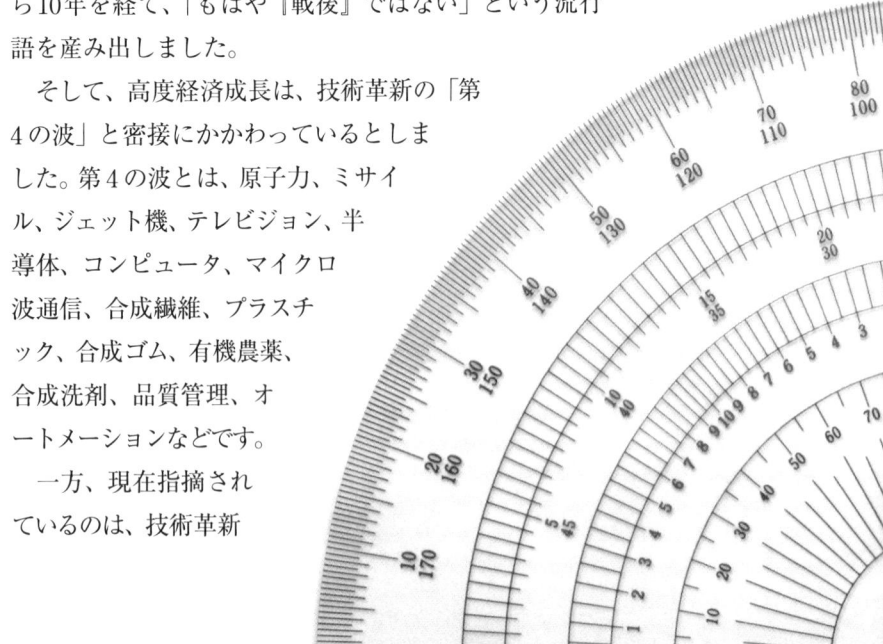

そして、高度経済成長は、技術革新の「第4の波」と密接にかかわっているとしました。第4の波とは、原子力、ミサイル、ジェット機、テレビジョン、半導体、コンピュータ、マイクロ波通信、合成繊維、プラスチック、合成ゴム、有機農薬、合成洗剤、品質管理、オートメーションなどです。

一方、現在指摘されているのは、技術革新

ではイノベーションが起きないということ、あるいは技術革新はイノベーションではないという点です。多くの企業で研究所には素晴らしい研究や発明があっても、そこから何も起きないという悩みを抱えています。技術自体の革新はイノベーションと考えられない。社会や文化の変化、事業戦略との強い関連があってはじめて技術がイノベーションとなるという議論です。

シュンペーター自身も、新たな発明がなくてもイノベーションが起きるとしばしば主張しました。最近はその主張の傾向が強く、組織や仕組みのイノベーションが強調されています。しかし、重要なのは両者のバランスです。先端技術対ローテクという対立項に目を向けるのでなく、技術の他の要素がいかに効果的効率的に綜合されているかを意識すべきでしょう。技術という「ハード」な知識だけでは駄目で、ソフトやサービスなど他の知識資産と一体でイノベーションを起こす。これは正論ですが、言うは易し、です。ではどうすればよいのか。シュンペーターは新結合の方法論は明らかにしていなかったようです。

ゆえにデザインの持つ意味が大きくクローズアップされているのです。イノベーションが、核となる優位技術に裏づけられたものであることが望ましいのはいうまでもありません。しかし技術ばかりが前面に出ればイノベーションにはなりません。逆にソフトな要因だけでは他社に模倣されやすくなることも事実です。技術と市場・社会・文化の変化の要因を結びつける方法論と触媒的能力が求められており、そのブラックボックス部分にあたる新結合の方法論がまさにデザインなのです。

社会的関係性の重視

　これまでベンチャー企業といえば、日本でも一時期問題視されたように、ややもすれば拝金主義的な傾向を持った経営者が自己主張をするのを周囲がただ眺めているというイメージがありました。こういった従来型のベンチャーは地域や国家にあまり大きな利益をもたらさないのではないかということが指摘されています。

　シリコンバレーでインテルを率いてきたアンディ・グローヴ元CEOが重要な警告を鳴らしています（『ビジネスウィーク』誌、2010年7月1日号）。グローヴは、『フラット化する世界』（伏見威蕃訳、日本経済新聞社、2006年）の著者、トーマス・フリードマンがニューヨークタイムスのコラムに、米国の経済を復活させるのは新興企業(スタートアップ)だ、古い企業は去れ、と書いたことを取り上げ「フリードマンは誤っている」と反論しました。理由は、シリコンバレーで起業する企業の多くが成長過程で海外に労働力を求め、結果的に米国内に雇用を創出しないことを指摘したのでした。実際、シリコンバレーのハイテク企業従事者は16.6万人にしかすぎず、全米平均失業率9.7％を上回っている、と。グローヴは企業が持続的に成長するには、地域共同体や社会との関係性が重視されねばならないことを訴えたのだといえます。

　これはきわめて日本企業に近い思想といえますが、現実日本でも多くの知的流出が起きていることはいうまでもありません。もし国内にとどまる決断をすれば存続自体が危うかったのも事実です。どちらのシナリオが正しいかはまだわかりません。

　一方で、ソーシャル・アントレプルナーをはじめ、新世代の経営者や、大企業内のリーダーはますます社会的意識、コミュニティ意識を高めているように思われます。この傾向は日本企業には自然な感じで受け入れられるでしょう。また、日本企業はいまのところ何とか生きている。しかし、それは「慣性の法則」であるかもしれず、加速度がなければ縮小するのみです。いまのうちにその強みを再認識、活用すべきでしょう。

　こういった状況を好転させるのもデザインの役割だといえます。関係性

のデザイン力は経済発展にとって不可欠の能力だからです。

リセッションとアントレプルナーシップ

　企業家や企業組織によるアントレプルナーシップによってイノベーションが引き起こされるのは、当然大きな時代の変化のタイミング、つまり「変曲点」です。イノベーションには時代を読むセンスが必要です。

　今世紀に入ってから、イノベーションが叫ばれるようになって久しいですが、とくにその声が高まったのは2004‐05年以降でした。それは、ドットコム・バブルが崩壊して従来の成長メカニズムが機能しなくなってしばらく経ったときでした。ちょうどそのころ『ビジネス・ウィーク』誌は75周年記念の特集で「イノベーション経済」を打ち出しました。しばらく前から「イノベーション経済」は注目されていたのでした（紺野　2004）。

　ところが、2008年末のリーマン・ショック以降、こんな声も聞こえるようになってきました。「イノベーションなどにとりくんでいる時間や余裕などない。今の目先のサバイバルで手一杯、頭も一杯なのだ」と。しかし、これにはあえて反対せざるを得ません。なぜなら、リセッションや経済危機こそ、イノベーションの最高の好機だからです。

　これは当然のことです。過去の慣習や価値観が崩れ、従来型のリーダーが倒れる可能性が高まり、そこに大きな空白、ギャップが生じるからです。危機への反応なのか、あるいはその先の未来の先取りなのか、それはわかりません。しかしこういうときにこそ、あるいはこういうときにしか、イノベーションはできない。この機会は逃すことができない。それは歴史が物語っているのです（Note参照）。

　大きな歴史的経済的変曲点こそアントレプルナーあるいは企業内のイントラプルナーによってイノベーションが起きるタイミングなのです。それは自然淘汰の法則です。つまり、世代交代、突然変異、産業の進化の契機であり、その新結合の触媒がアントレプルナーやイントラプルナーなのです。

リセッション時に発揮されてきたアントレプルナーシップ

- 1929-33年の世界大恐慌時、1920年代後半にフォードを猛追したGMは、その勢いを止めることなく、1930年には前代未聞のV16エンジンなどを発表するなど、当時のハイテク・カンパニーとして世界一の自動車メーカーへの道を突き進んでいった。

- 日本では1930年（昭和5年）から翌年にかけ、前年のニューヨーク・ウォール街に始まった世界大恐慌の波を受け、昭和恐慌が起きた。第2次世界大戦前最悪の経済危機であった。この動乱の抜けきらない1932年（昭和7年）5月5日、168名の社員を前に、松下幸之助は同日を創業記念日に制定し、第1回創業記念式典を挙行した。有名な産業人の使命を発声し、この年を「命知元年」としている。命知への道は「250年計画」である。松下電器（現・パナソニック）は命知元年から250年にわたって、これを10期に分け、各25年単位で発展と貢献を繰り返す、というのである。最初の10年間は建設時代、次の10年間は建設・活動時代、最後の5年間は建設・世間貢献時代とする。幸之助のスピーチの後、全社員が次々に壇上に登って感激の弁を述べたという、すごい話であるが、こうした企業家精神を発露させたのが昭和恐慌だった。

- IT関連の巨人も続く経済混乱期に生まれている。ヒューレット・パッカード（HP）社は1939年、米国カリフォルニア州パロアルトでウィリアム・ヒューレットとデビッド・パッカードという2人の若者により創業された。パッカードの家の車庫で資本金538ドルで立ち上げた。

- 米国のことだけでも個人の起業家だけの話でもない。この時期、日本では富士通が1935年、富士電機製造株式会社（現・富士電機ホールディングス株式会社）の電話部所管業務を分離し、富士通信機製造株式会社として設立されている。
- 韓国のサムスンはこの時代に砂糖と服地のメーカーとして出発した。現在の会長、イ・ゴンヒの父であるイ・ビョンチョルが早稲田大学中退後、友人2人と1万円ずつ出資し設立した。1938年3月1日に大邱で設立したこのサムスン商会が今日の同グループの始まりとされる。
- 下って、1980年代。その後半は日本のバブル期で彩られていた。1980-82年の世界経済は長期不況に苛まれた。さらに、プラザ合意のあった1985年には米国PC市場がマイナス成長という時期である。こういった時代にアップル（創業は1976年）は伝説的マシン、マッキントッシュを市場導入する（1984）。またパソコン市場の雄、デルがこの時期に創業している（1984）。マイクロソフトが上場したのは1986年である。
- さらに1990-93年には世界同時不況が起き、日本のバブル経済が崩壊する。この時期にはアマゾンが創業（1994）する。
- 1997-98年にかけてのアジア経済危機に、最大の経営危機を経験したサムスンは1997年、携帯電話（GSM）市場に本格的に打って出る。この頃米国ではGoogleが創業（1998）する。
- そして2001-02年、ドットコム・バブル崩壊直後にアップルは音楽再生ソフトiTunesをリリース（2001）。HPはコンパックを買収（2002）し、IBMを抜く世界最大のITサービス業に向かっていく。

日本にとっての問題は1930年代以降、世界に大きな地位を占める日本企業が登場していないことである。ロンドンビジネススクールと米国バブソンカレッジの共同研究（2000）では、世界の国別にみるとアントレプルナーシップの度合いと経済成長率には高い相関がみられた。また、日本は両指標とも最も低い。この調査では、逆に両指標が高いのは韓国だった。

PART II

　PART IIではデザインを知的基盤とする「デザイン経営」の実践につながる素材、思考ツールを提示したいと思います。いずれもPART Iで挙げたデザインの知を基本としていますが、ここから読んでもかまいません。

　以下では分析的な方法やアイデア発想法などとは異なる、つまり、イノベーションを抑制する力から脱するための、創造的で実践的な知のプロセスを取り上げたつもりです。どれも、個人的なノウハウでなく、チーム作業やワークショップなどで実践することを想定したものです。

> 　まず、最初に挙げるのはエスノグラフィーなどの**社会科学的な方法論に基づく知**、質的研究方法論。これが有効なのは、社会や経済、顧客現場の観察データからいきいきとした新たな意味（コンセプト）を発見し、製品・サービスなどのイノベーションのデザインをすすめるために不可欠と思われるからです。

デザイン経営の知的方法論

次に、第2章で挙げたように、デザインのプロセスが、企業が価値を生み出すプラットフォームとなると考えれば、顧客やパートナーとの関係性を構築するための**方法論の知**、ビジネスモデルのデザインがカギになるでしょう。

第3に、私たちがさまざまな課題を抱えつつ、サステナブルな成長を続けることができるかという意味では、固定的なマインドセットにとらわれない不確実な未来を前提にした**時間・空間・世界制作の方法論の知**、つまり可能な世界を描き、仮説を創造して戦略やイノベーションを方向づけるシナリオのデザインが重要です。

いずれも、深い要因や本質を先見・洞察し、あるいは現場から発見し、関係づけ、仮説を生み出し、実践からフィードバックを得るという、知識デザインのバリエーションです。こういった活動がデスクワークに代わって、デザインの世紀の経営の日常の一コマとなるのではないでしょうか。ただしどれも単純なノウハウではありません。実践を伴ってはじめて理解されるのです。

chapter 4
コンセプトをデザインする（質的データのデザインの方法論）

日本のモノづくりの原点？古代の製鉄法「たたら」の職人達の仕事をフィールドワーク。職人の生み出す「場」を感じ取る。
写真：紺野登

4.1 経験世界からの概念(コンセプト)の創造

高まる社会的なデザイン力への関心

　ITサービス分野でデザインが関心を集めています。背景には、ITサービス技術の大転換があります。「クラウド・コンピューティング」（ネットワーク＝クラウドとしてのコンピュータ）は本格的情報ネットワーク社会の到来を告げる技術と考えられています。そこでITサービス企業は社会や世の中の潜在的あるいは将来的なディマンドからシステムやサービスを構想し提供しなければならなくなっています。必要とされるのは、ソーシャル・イノベーションのような発想、あるいは社会的構想力、つまりコンセプトのデザイン力です。

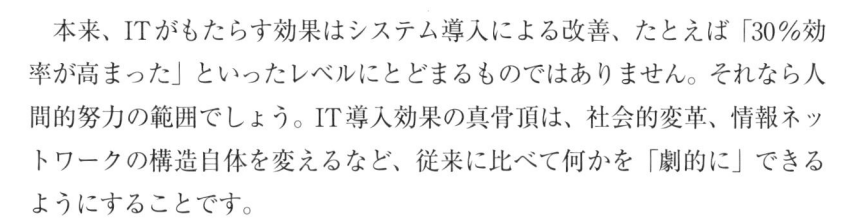

本来、ITがもたらす効果はシステム導入による改善、たとえば「30％効率が高まった」といったレベルにとどまるものではありません。それなら人間的努力の範囲でしょう。IT導入効果の真骨頂は、社会的変革、情報ネットワークの構造自体を変えるなど、従来に比べて何かを「劇的に」できるようにすることです。

　前述したSuicaは典型でしょう。かつてはパンチ（改札鋏）で最速1秒間2.5人の切符を切る職人的駅員がいたといいますから、電子改札技術で以前より大きく早まったとはいえません（Suicaでは1秒）が、総量では大きく変わったといえるでしょう。日本の改札方式はもともと「オープン方式」で欧米の「ターンバー方式」と違います。日本は鉄道王国で利用客数が圧倒的です。そこで改札機が電子化されたのです。ユーザー観察、試行錯誤の末に最終形に絞られました。Suicaは強制的な仕組みの導入でなく利用者が「購入する」方式でしたから成功はユーザーがどれくらい採用してくれるかにかかっていました。果たして導入直後の反応は大きかった。2001年11月18日、発売後19日で100万枚を超えました。しかし、ここまでなら改札の効率化という話で終わりです。

　ポイントは電子改札＋電子マネーでした。Suicaの導入で一段と駅内外の敷居が低くなりました。従来の切符（硬券）は金銭ではありませんがSuicaは電子マネーです。電子マネー・サービスはSuica導入の3年後でしたが、これによって「通勤（利用）者」が「消費者」に変化しました。駅に入る行為と利用者の意味が変わったのです。新市場として「駅消費」という言葉が与えられました。JR東日本では流通業を事業の柱に据えるまでになりました。「駅消費研究センター」といった組織がグループ内にできた。こうしたビジネス上の変化は、技術だけによるものではありません。Suicaの場合、すべてが最初からデザインされていたというわけではありませんでしたが、**ユーザーの行動がリ・デザインされることで変化が起き、それとIT技術がうまく連動した点は重要**です。

　かねてから、IT投資と企業の収益性は無相関であることは知られていま

した（単にIT投資が行われても技術がユーザーの状況にマッチしていなければ収益効果をもたらさない）。人々の知や行動的側面が軽視されてきたことが真因です。多くのソフトウェアやシステムの「不良資産化」は情報システム担当部門の悩みの種でした。IT産業に限らず、技術だけでは有効なイノベーションは生まれません。社会や文化、人間の変化と合わなければ、イノベーションは起きないのです。

　こういった社会的ニーズと技術を融合させるためには現場からの意味の発見、すなわち、**概念（コンセプト）化のパワー**が大きいのです。とくにビジネスの構成要素が増え、複雑化し、不可視のサービスやシステムが重要になるほどコンセプトは不可欠になります。それを導き出していくのがデザインの役割です。

　しかし、その起点はどこにあるのでしょう？　今日のイノベーションは、ディマンドサイド志向で社会に役立つ価値を生み出すという発想に立脚しなければいけません。人間・社会の本質的価値からのコンセプトのイノベーションを考える必要があります。タタの「ナノ」の例を挙げるまでもありません。たとえ安価な製品でも、尊厳、美徳など人間や社会の見えない価値を探求することで、結果的に高価値の製品にまで転換できるのです。

　その基礎になるのは、**観察 → 概念化（仮説）→ プロトタイピング（実践）**、という知識デザインのプロセスです。こういったデザインのために、社会学や文化人類学的な手法を駆使して、顧客の現場で様々な新しい意味や価値の発見・発掘をするといったアプローチが展開されるのです。

　たとえばITシステムのクラウド・コンピューティング・サービス化は「所有から使用へ」といった単純な変化ではありません。社会全体のオープンな情報ネットワーク社会への大転換がその本質です。IT技術はパソコンを中心にした世界から、モバイルやRFIDなど、私たちの生活や仕事の現場に深く染みわたる情報環境の世界に変わろうとしています。一方で顧客の情報の現場はますます複雑化しています。そこでは、ITシステムのハードやソフトを組み立てることではなく、人間や社会の現場でITを活用する

ための行為や関係性のデザインが不可欠になっているのです。

　起点となるのはITの現場、フィールドの観察です。たとえば富士通は「フィールド・イノベーション」という考え方のもとで「フィールド・イノベーター」と呼ばれる業務プロセス改革の専門家人材育成を行っています。彼らを顧客の現場に派遣し、対話やインタビュー、可視化ツールを駆使しつつ利用者の立場で課題を把握し、顧客とともに改善するという試みをスタートさせています。すでに500人近くがフィールド・イノベーターとして養成されています。

　ITサービス以外でも各分野で顧客価値実現のためのデザイン的方法に関心が高まっています。こうした能力をいかに身につけるのか。日本能率協会が始めた「Business Ethnographyビジネス・エスノグラフィー（注：Ethnography民族誌）」という研修プログラムでは、顧客の中に入り込んで観察を体験させています。観察工学的アプローチなどとも呼ばれます。こうした方法論は**「質的研究方法論」(Qualitative Research Methodologies)** と呼ばれ、デザインの技法として企業のイノベーション活動に導入されるようになっています。

質的研究方法論の導入

　顧客の観察からニーズや意味を見いだし応えることは重要ですが、どうしても個別的で「狭く」なってしまう。一方、定量的あるいは分析的な方法では表層的で本質に迫れない。これらは矛盾しています。そこで、質的な視点から出発して、意味や理論を発見する「第三の道」が求められます。それが質的研究方法論です。

　質的研究とは「具体的な事例を重視して、それを時間的、地域的な特殊性の中で捉え」ること。人々自身の表現や行為を立脚点に、「人々が生きている地域的な文脈と結び付けて理解しようとする」こと（フリック2002）。量的にはとらえられない**人間の生の現実を調査・研究するための方法論**です。

これは質的な視点から定性データも定量データも扱っていこうとする社会科学的アプローチです。フィールドワーク、インタビュー、ライフ・ヒストリー調査、事例調査などのような記述的・口述的な調査法があります。従来は「定性調査」と呼ばれ、統計調査法に基づく定量調査を基本に置いたマーケティング調査では補完的な位置づけにありました。これに対して質的研究方法論は、定性調査を基本に置いた「質的な」アプローチへの転換です。客観的で実験主義的な市場調査（仮説検証）に対する、主観的で相互作用的な人間のサイエンス（仮説創造、変化の実践）だといえます。

　これらは、いわゆる創造的思考法やアイデア発想法などとも異なります。こうした技法は、ブレーンストーミングも含めて、主に個人の創造性を引き出すことを目的にしていました。これに対して、デザインの知の方法に含まれる方法論は個人の創造性という「ブラックボックス」をアテにしていません。むしろ私たちの身体的・感情的・直観的な認知能力や推論能力、関係性の創出力など、社会的な知力を用いる作業プロセスとして考えるという点が違います。実は個人の創造性をベースにする技法の多くは、実際には創造的アイデアを生み出さないことが指摘されています。逆に、現実的には、あまりにも個人に対して「創造的たれ！」と刺激することは、かえって心理的萎縮をもたらすことすらあります。これに対してデザインの知は、チームや顧客との関係性を基盤とする現場的アプローチだといえます。

　質的研究方法論にはいろいろな分類の仕方が考えられますが、集約すると次のようなものがあります。

①エスノグラフィー（Ethnography）
②グラウンデッド・セオリー・アプローチ（Grounded Theory Approach：GTA）
③ナラティブベース・メディシン（Narrative-based Medicine：NBM）

　エスノグラフィーは、文化人類学的な観察、フィールドワークの方法です。その役割は、ユーザーの現場に分け入り、暗黙知、あるいは五感を通じ

たフィールド・データを獲得し、仮説を生成することです。

次のグラウンデッド・セオリー・アプローチは、まさに現場（グラウンド）に密着して得られたフィールド・データをつきあわせながら、帰納的に（個々の具体的事例から一般原理・法則を導き出す考え方で）まとめていき、現場の問題を解決するための有効な理論の発見を行う方法論です。

3番目のナラティブベース・メディシンとは、文字通り医師と患者との関係のなかでの「語り（物語り＝ナラティブ）に基づく医療（癒し）」の方法論です。これを企業と顧客の対話のプロセスによる問題解決の方法論として応用するのです。

これらには共通点も違いもあります。こうした質的研究方法論を組み合わせて「現場を把握し、仮説を発見し、理論やモデルを見いだし、問題解決や新たな価値の創出を行い、実践する」プロセスは、知識デザイン（デザイン思考）そのものといえます。

場のなかに入り込むこと（日本的モノづくりの知的真髄？）

イノベーションは「新しい知識の組み合わせ」、技術と市場・社会をつなぐプロセスです。しかしその組み合わせは分析やデスクトップワークからは生まれてきません。サービスの提供者と顧客が、思いやイメージなど主観を共有できる「場（ba）」がなければなりません。場における企業と顧客、個人と個人の相互作用的な関わり合いの中から、分析では把握できない、新たな知が生まれてくるのです。最近、「場」という日本語は海外の経営専門家からも聞かれるようになっています。場は文化人類学や現象学にも通ずる、本来は日本の伝統的文化と関わりが深いものです。

顧客の置かれている状況に棲み込んで、新たな関係性を発見していくことが場の持つ意味です。エスノグラフィーでもナラティブベース・メディシンでも、「主客未分」の関係を基本にします。つまり主体と客体、私とあなた、企業と顧客といった二項対立の姿勢をとらないのが特徴です。主客を分けるというのは客観的・分析的態度です。逆に質的研究方法論は「相互

主観的」な方法論なのです。

　エスノグラフィーが注目されてきた背景には、一連の共感型デザイン（empathic design）への流れがあります。1960-70年代以降、情報産業の台頭に応じて、ユーザー参加型のデザイン（participatory design）が注目されてきました。当時はリードユーザーを開発現場に招いてフィードバックを得ることなどが主眼でした。ユーザーが使いやすいように配慮する「ユーザビリティ・デザイン」や「ユニバーサル・デザイン」（年齢や性別・障害の有無にかかわらず誰もが利用できる心地よく使いやすい環境や使用のデザイン）の手法も生まれてきました。

　こうした動きは、開発やデザインの「主導権」が企業（あるいはデザイナー）とユーザーのどちらにあるかという問題にもかかわります。つまり、単にユーザーを「巻き込んで」「ユーザー第一に」デザインするというのであれば、それはあくまで主体が開発者やデザイナー側にある、デザイナー中心主義です。しかし、一方では「ユーザーがデザインする」というユーザー中心主義が重視されつつあります。ただし、ユーザーのデザイン力が高まって、自分でデザインするようになったと言っているのではありません。むしろ、ユーザーがデザイン・プロセスを活用して問題を解決できる仕組み、新たな価値を生み出せるプラットフォームの提供が求められているといっていいでしょう。

　より多くのデザイン上の余地をユーザーに提供することによって価値が高まる。これは、PART Iでも指摘したように、モノを売るビジネスから、顧客の要望をインプットとして問題解決・価値創造を行う21世紀的な産業の価値生産システムへの変化を反映しています。デル・モデルなどの事例、グーグルやアマゾンなどのサービス・ビジネスなどを思い起こしていただければよいかと思います。

　こういった動きの中から、顧客と場を共有して新たなコンセプトや考え方を生み出すエスノグラフィーのような社会科学の方法論に関心が集まってきました。

4.2「エスノグラフィー」アプローチ

(1) エスノグラフィー
そのルーツ

　イノベーション活動や、プロダクトやサービス開発のプロジェクトにせよ、コンセプトの発見・創出の第一歩は現場にあります。エスノグラフィーはフィールド観察に重きを置く、質的研究方法論のなかでも最も重要なものです。ルーツは文化人類学。事物を先入観なく受け止めて、そこにいる人々の背後の思いを共有する。そうしてこれまでは見えなかったコトを照らし出す。このようなアプローチは文化人類学研究でなくても応用できるのです。

　エスノグラフィーは19世紀末頃から、列強帝国主義の拡大と共にアフリカやオーストラリアにまで探検に出かける人々が増え、その観察技法として発展していきました。1922年、画期的な2つの民族誌が出版されました。ラドクリフ・ブラウンの『アンダマン島民』と「社会人類学の父」と呼ばれるブロニスワフ・マリノフスキの『西太平洋の遠洋航海者』です。後者はニューギニア諸島民の経済的儀礼交換を叙述し、当時の西欧世界にセンセーションを巻き起こしました。

　『西太平洋の遠洋航海者』には、メラネシアのパプア・ニューギニア南東部トロブリアンド諸島に棲む原住民の「事業と冒険の報告」という副題が付けられています。「事業」とは？　いう

フィールドワークするマリノフスキ

までもなくビジネスです。マリノフスキが発見したのは、トロブリアンド諸島の人々が近隣諸島民との間で行う金銭を介さないトレード、つまり文化＝経済的な交換システム「クラ」でした。彼らは「バイグァ」と呼ばれる2品、「ソウラバ」(赤い貝の首飾り)と「ムワリ」(白い貝の腕輪)を交換するのですが、文化も言語も互いに異なる小諸島を結ぶこの円環の周囲は数百キロメートルにも及びます。そのシステムの維持のために、島民は死を賭けた大航海を遂行するのです。クラ交易に参加することは大きな名誉であり、有名なバイグァを手に入れることは、男に高い威信を与えるといいます（これは現代的な経済システムの中で、金銭的取引のみに邁進する金融トレーダーのイメージと対照して見ざるを得ません）。

　エスノグラフィーはデザインだけでなくマーケティングでも、以前にも増して活用されるようになりました。もちろん私たちのエスノグラフィーの対象はもはや未開部族ではありません。「消費者」や「顧客」、「組織」という「部族」であり、その真骨頂はユーザーの日常生活の現場に「棲み込んで」、彼らの視点からその本質や問題（状況）を知ることです。

　こういった姿勢は日本的な哲学を主張した西田幾多郎の直接経験、「**純粋経験**」に通ずるものです。なんといっても、すぐに分析しない、フレームワークをあてはめて状況をロジカルに説明してしまわない、パッと決めつけてしまわない、といった態度が重要です。それは、しばしば私たち自身が自覚していないバイアスによって、新たな事実や兆候を見過ごしてしまうからです。バイアスや思い込みを捨て、虚心坦懐に感じる姿勢、あるいはインタビューなどでも人々の言葉通り（顧客のバイアス）に受け取らないようにして、背後の思い、意識の構造を感じ取る態度が望ましいのです。

フィールドワーク

　エスノグラフィーにおける具体的作業としてのフィールドワークとは、異なる文化に直接参加し、現象を観察対象となる人々の視点のレベルから理解すること。観察し記述することです。次のようなポイントが挙げられます。

①まず適切な課題設定を行い、調査者自身が調査対象の社会や集団に参加する（参与観察という）。
②実践にあたっては、集団との媒介役になってくれるインフォーマント（対象集団内の情報提供者）との人間関係（ラポールという）構築が重要である。
③そして五感を駆使して体験することによって、暗黙知を獲得し情報を集める。
④現場で観察し、フィールドノートを記述、あるいはインタビューを口述（記録）する。
⑤観察を経て現場からの仮説形成をすすめるにつれ、問題あるいは理解が徐々に構造化されていく。

　こうしたフィールドノートを綴っていくのがエスノグラフィーです。これを用いて私たちは新たな顧客や状況の理解を得るのです。
　イノベーションのためのフィールドワークは、文化人類学的関心とは異なり、ユーザーの抱えている問題や、社会的なギャップ（兆候）の理解からはじまります。
　私たちにとって、ビジネスの日常、オフィスなどの場はまさにフィールドです。たとえばオフィスにあるさまざまな機器。これらとユーザーがぶつかる問題（たとえばパソコンとプロジェクタがうまく連動しない、プロジェクタの操作がわからない、コピー機の操作がわからない、リモコンがいくつもあってAV機器が操作できない、ネットワークに入れない、レーザーポインターの使い方がわからない、など）。あるいはスーパーなどの店舗で、消費者が迷うような状況や無意識的な行動パターン（たとえば探している商品がない、もっとこの商品について知りたいのにわからない、価格がついてない、価格が比較できない、など）。これらはすべて「古典的」なビジネスにおけるエスノグラフィー・リサーチのトピックだといえます。

また、こうした問題はデザイン理論では「**ブレークダウン**」と呼ばれることもあります。メーカーの開発者やデザイナーが意図あるいは想像していなかったような行動をユーザーがとることで、ユーザーの行動がそこでストップしてしまうことなどを指します。たとえば洗面台の蛇口のハンドルは国によって（あるいはメーカーにとって）随分違います。そこで旅行者が使い慣れたやり方でハンドルを操作すると突然熱湯が噴き出すなど、思わぬアクシデントに直面する、というわけです。

　逆に、ユーザーのユニークな行動が新たなアイデアにつながることもあります。たとえば、あるノートパソコンの女性ユーザーがトップパネルにいくつか小さなフィギュアをつけて使っているのを見ました。不思議なのでなぜそうしているのかを聞くと「重い書類なんかをすぐ載せてしまうので……机に置いているときに荷物を載せたり、バッグに入れる際に邪険に扱って傷をつけたりすることが今まで多くて、少しは丁寧に扱おうかと思ってつけました」という。本当にそれだけでしょうか。パソコンのキャラクターグッズ化はもっとあってもいいのかもしれない、などと考えます。あるいは、ある女性の携帯ユーザーは「よく自分の携帯電話を落っことす」、とこぼします。「スマートフォンが欲しい」が、「ストラップがつけられない」し、「落としたら保証してくれないだろう」し、「買うのが怖い」といいます。このようなユーザーの言葉の背後にある潜在的・無意識的なニーズを製品やサービスに転換できないでしょうか。

　こういった場面でエスノグラフィーはきわめて有効なデザイン思考のツールといえます。しかし、こういった発見はすぐには起きません。ユーザーのなかに馴染んでぼんやり「眺めて」いるような状況のなかで見いだされる場合が少なくないのです。そこで、そのためには日頃から観察やインタビューを通じてフィールドノートをつけ、そこから仮説があぶり出てくるのを待つ。またバイアスを捨て、すぐに分析しない。とくにインタビューでは、文字通り、言葉通りに受け取らずに、背後にあるユーザーの思いや不安等を直観的に理解することなどが大事だと思われます。

イノベーションへのエスノグラフィー

エスノグラフィーによるイノベーションの成功事例はますます増えつつあります。

たとえばプロダクトであれば、モトローラの携帯電話「A732」の例です。テキストメッセージングが最も多く使われている上海地域の観察を行った同社のリサーチャーが、上海地域特有の漢字を直接キーパッドに手書きで描ける手書き認識機能を備えた携帯を開発してヒットした、といった事例です。

米国マリオット・ホテルの長期滞在型ホテルのユーザーを観察したところ、多くのユーザーはベッドルームを仕事部屋として使っていることがわかった。そこで、同社はオフィス・ユース仕様の部屋の実物大のプロトタイプを作り、ユーザーやオーナーに体験させた。結果は上々でした。そこで彼らはこの新たなサービスを導入することにしました。

日本でも、大阪ガスグループの行動観察研究所は顧客企業の店舗やオフィスなどの観察調査からさまざまな提言を行い、販売増や効率性アップなど、目に見える成果を挙げているといいます。

さらに、こういった現場での小さなディテールからの気づきやヒントが、実は事業全体の、より深い問題を象徴している、ということは多々あります。しかも現場もそれに気づいていないのです。

こうしたエスノグラフィー的なアプローチによるデザイン思考については大変関心を持たれていますが、一方でその限界や誤謬を知る必要もあります。

第1章で触れましたが、体験的認知と内省的認知というコンセプトを提示したノーマンは、これらを混同しないようにと釘を刺しています。エスノグラフィーや現場体験的調査は**一見、「身体」や「体験」というアナログな道を進んでいるかのように見えるが、実は反射的にまたは性急に1か0かを決めるデジタル思考にすりかわっている可能性がある**のです。つまり、十分な内省を経ないと、そのプロセスが適切かどうかを評価するすべがない。

とくにラピッド・プロトタイピング（rapid prototyping）など、限られた時間でコンセプトづくりの作業がすすむ場合はそうです。エスノグラフィーからだけでアイデアを出す、というのは性急（早とちり）ということもあります。したがって、異分野の知見を持った人々がチームを組むなど、内省的認知を促す場の設定が不可欠になるのです。

エスノグラフィー・セッションの一般的な手順

本来のエスノグラフィーでは、フィールドに入り込んで、長い期間調査を行います。しかし、デザイン・プロジェクトではその時間は限られていますね。場合によっては1日のワークショップやリサーチで新たなプロトタイプ作成まで進めなければなりません。

以下では筆者が経営大学院などの場面で実践しているプログラムやツールの例を挙げます。ただし、これらは文化人類学など専門分野での研究ではなく、コンセプト・デザインまたはイノベーションの技法として、あくまでビジネスに役立てることを念頭に用いられていることを断っておきます。

1）対象の選定

エスノグラフィーは一般的なサンプル調査でないので、とくにどこにフィールドワークすれば？　誰に聞きにいけばいいのか？　といったことが問題になります。現実のビジネスにおける定性調査の場合、長い研究期間を設定することもできませんし、あるタイミングでリサーチを行わざるを得ません。

それは典型的ユーザーでいいのか？　典型的ユーザーは改善型コンセプトには有意義（正規分布の中央：定量調査でわかる範囲）ですが、一般的なこと、つまり定量調査と似たような知見しか得られないでしょう。

むしろ革新的コンセプトづくりのためには「異端」（eccentrics）、「周縁」（marginal）、「異例」（anomalies）あるいは「1％」のユーザー（ウルトラ・ヘビーユーザーやロングテール、無料サービスを支えている1％の有料ユー

ザー、など）に眼を向ける必要があり、その一端からデータを集めていく必要があります。それは、まだ見えない全体を、特徴的なユーザーを介してあぶりだしていく過程です。

2）フィールドワーク

多くの場合、私たちは仮説を立ててフィールドに望みます。これには大きくフィールドの観察とインタビュー調査があります。そして徐々に、ある知見が十分に得られたと感じるまで数回フィールドワークを繰り返す必要があります。

ここで、ビデオカメラなども含めてさまざまなツールを用います。しかし最も基本になるのは小さなノートとペンなのです。

フィールドワークのポイント
○現地の社会生活への参加
　調査対象となる国や町、組織などに観察者として入り込むこと。
○社会生活の観察
　非言語的な情報の中にある意味を明らかにしていくための方法。
　微妙な表情、ジェスチャー、ポーズ、服装。
　建物、地形、仕事や家事に使う道具など。
○いろいろな事柄についての聞き取り
　現地生活で必要な流儀や慣習について、アドバイスしてもらう。
　一緒に仕事をするときに、手取り足取り教えてもらう。
　一緒に生活しているときの単なる会話・対話。
　現地の人の問わず語り。

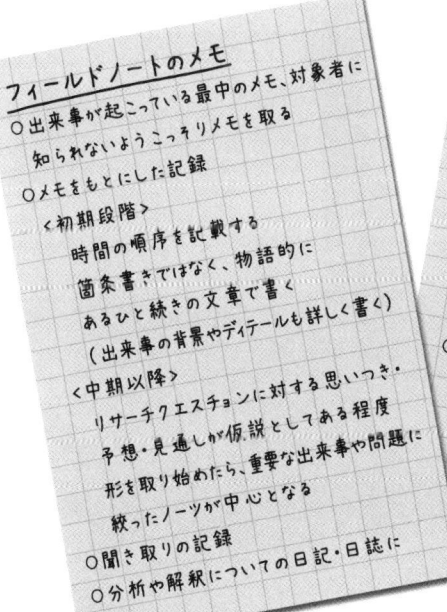

フィールドノートのメモ
○出来事が起こっている最中のメモ、対象者に知られないようこっそりメモを取る
○メモをもとにした記録
　＜初期段階＞
　　時間の順序を記載する
　　箇条書きではなく、物語的に
　　あるひと続きの文章で書く
　　（出来事の背景やディテールも詳しく書く）
　＜中期以降＞
　　リサーチクエスチョンに対する思いつき・予想・見通しが仮説としてある程度形を取り始めたら、重要な出来事や問題に絞ったノーツが中心となる
○聞き取りの記録
○分析や解釈についての日記・日誌

インタビューのメモ
○インフォーマントの正面には座らない
○インタビューアーは2人で（メイン＋サブ）
○うるさすぎる場所を避ける
○インフォーマントが答えやすい質問から始める
○場をほぐすための雑談から始めても良い
　→インタビューアーは「敵ではない」と思ってもらう
○質問→答え→さらに突っ込んで聞く
○質問→答え→ちょっとずらして聞く

私たちの授業の一環で、新たな書店のコンセプト開発をテーマに、ある複合型書店に協力を頂いてフィールドワークを行いました。下記はその際の院生のフィールドノートの一部の引用です。こうしたノートを持ち寄り、共有し、次に述べるGTAの作業に用います。

> ＜フィールドノートの例＞
> 4月21日(土) 19:00から20:00
> 「ゲームコーナーで、ゲームを探している35歳ぐらいの男性。手にはゲームを2、3枚もっている。かたわらには、小さな女の子が二人。彼の娘のようだ。ひとりは6歳ぐらい。色々なゲームを手にとっては、父に何か話しかけている。もうひとりは3歳ぐらい。ゲームにあまり興味がないのか、暇そうだ。ゲームを棚から出したり戻したり、数メートルぐらいの範囲内を行ったりきたりしている。父親は、特に目的のソフトがあるわけではなさそうだが、色々なソフトを手にとってはジャケットを眺めている。何か面白いソフトがないか探しているようすだ。」

フィールドワークの様子
（経営大学院プログラム）

インタビューの様子
（経営大学院プログラム）

写真：紺野登

3）データ獲得から仮説、変数を抽出するまで

エスノグラフィーは身体を動員した暗黙知獲得の方法です。徐々にデータを集めていくなかで仮説を立てていきます。それは客観的解釈でなく、あるがままを感受して、そこからまとまっていくさまにまかせる過程です。ここでいう仮説は、いくつかの変数（X、Y、Zなど）の組み合わせ・因果関係で、「こういったXという現象がYを引き起こしている」といった形式で記述されます。

また、筆者たちは実際のプロジェクトでは、エスノグラフィーとともに、次に紹介するGTAを組み合わせて用いています。

場のデザインとエスノグラフィー

エスノグラフィーのアプローチは、民俗学者で建築家でもあった、今和次郎（1888-1973）の「考現学」にもつながる方法論である（藤森照信編『考現学入門』ちくま文庫、1987年）。考古学は古代の人工物によって古文化を研究するのに対し、現代の社会現象や風俗世相を調査、記録、考察しようとするのが考現学であった。

たとえば、オフィスが単なるファシリティとしてではなく、人間の創造性を引き出し、デザイン・プロセスを推進する場として求められるとすれば、そのためにエスノグラフィーは有効だと思われる。以下はオフィス開発における考現学＝エスノグラフィー方法論の事例である。

デザイン業界最大手の乃村工藝社は旧社屋老朽化と組織の拡大に伴い東京都港区台場に移転を決定し、日建設計に新社屋の設計を依頼した。同社

東京社屋（1966/1974）は清家清（1918-2005）設計で、名作と称される作品だが、何より社員にも思い出深い、組織的に記憶された空間であった。

一般的に、オフィス・プロジェクトは、ファシリティとしての機能的観点、ワークプロセス分析から要求される仕様と1人当たり利用面積など、効率性分析的アプローチが主流である。しかし、乃村工藝社の場合には社員が「楽しく働く」こと（同社・乃村義博会長）が求められた。同社は多様な個性を持つクリエイターやプロデューサーが少人数チームでプロジェクトを遂行する組織ゆえである。

乃村工藝社本社：階段スペースの場としての活用
写真：雁光舎 野田東徳

こうした依頼を受けて、建築家（山梨知彦氏）は考現学あるいはエスノグラフィー的アプローチを採用した。まずリサーチからデザインに至る過程で、①組織の「経験的記憶の総体」が把握され、②コンセプト、③諸空間の関係性が生み出される。④そのなかに部分的空間や機能が埋め込まれていく。モノ（箱）をつくるのでなくコトをつくり、そこにモノの要素や技術を流し込んでいったのである。

デザインはまず旧オフィスでの職場観察からはじまった。建築家は旧社屋に入り込み、現場観察、インタビューを行った。そこで採集された場のパターン群、たとえば階段脇での上下フロアとの対話の重要性や顧客との協業空間などが全体のコンセプトのなかで綜合され、新オフィスのボキャブラリとして用いられていった。

> こういった文化人類学的なフィールドワークあるいはエスノグラフィー的観察は、病院やホテル等のデザイン・プロジェクトでもよく見られるようになった。そこでは社員や経営者が持つさまざまな「よい組織」のイメージやエピソードを採集することが意識される。それらが綜合され、現代的な構造やインテリアにまとめられていくのである。
> 　乃村工藝社本社の場合は、結果的に、新社屋は社員が何も説明されなくても使える、どこかに懐かしさを持った空間、まさに「場」となったとして評価され、利用されている。

(2) グラウンデッド・セオリー・アプローチ（GTA）
GTAの概要

　グラウンデッド・セオリー・アプローチ（Grounded Theory Approach：GTA）とは、米国の社会学者グレイザーとストラウスによって提唱された質的研究方法論です（Glaser and Strauss 1967）。典型的な帰納法アプローチともいわれます。Groundedとは、文字通りグラウンド、つまり現場（地）に足をつけて、そこからコンセプト、さらに理論（Theory）を生み出していく、という社会リサーチの姿勢です。

　GTAのプロセスは下記からなるものです。

①現場からの観察やインタビューなどの質的な情報（データ）収集
②それらのデータをつきあわせて変数を発見し、それらを関係づける
③現場からの「ボトムアップ」でコンセプトや理論を形成する

　こうして、質的なデータからの帰納的な理論構築を目指すのがGTAです。その過程では、データをそれぞれ個々につきあわせ、比較しながらまとめていく作業を要します。このため、GTAを「データ対話型理論化方法

論」ともいいます。「データから理論を生み出す」とは、調査プロセスを通じて、常に、データやそれらまとめた「変数」を結びつけていって、仮説やコンセプトを体系的につくり出すことです。GTAではこの一連の作業を「コーディング」と呼んでいます。

グランド・セオリー 対 グラウンデッド・セオリー

そもそもなぜこんなアプローチが出てきたかというと、それはグラウンデッド・セオリーの反対語としての「グランド・セオリー（大理論）」への批判からなのです。グランド・セオリーというのは物理学の法則や経済学の理論のように、「知の巨人」が築き上げた考え方です。1960年代当時の米国社会学の世界はグランド・セオリー全盛期でした。これに異議を唱えたのがグラウンデッド・セオリー・アプローチだったのです。

グレイザーとストラウスの歯ぎしりする思いは、グランド・セオリーをもとに現場に適用していっても、現場の状況は必ずしも解決しないし、また社会学全体からみても新しいアイデアは生まれてこない、ということでした。なぜならそれは、すでにわかっているグランド・セオリーを現場に演繹的に応用するだけだったからでした。それには誤りはないものの、新しいアイデアや個別具体性は抜け落ちてしまいます。また、グランド・セオリーやそのフレームワークで状況をとらえ、対処して、うまくいかなければ、それは理論の適用の方法が誤っていたか、「例外」として片づけられてしまう可能性もある。これは経営戦略論や組織論などの理論の場合でも同じでしょう。個別具体の現実に根ざしていなければ、アイデアや概念はロジカルだけれども空虚なのです。

実はグレイザーとストラウスの2人は末期ガン患者の看護の現場を観察対象としていました。そこでは、それなりに社会的地位を築いてきた人々がガン患者として次々に亡くなっていき、彼らをケアする看護師たちはその成り行きを見つめなくてはいけない。たとえばこういった職場（現場）では、いかなる組織改善モデルがふさわしいのか？　ありきたりの組織理論では

駄目だ。こうしたハードな現場からの問いが生み出したのがGTAでした。

　グレイザーとストラウスは彼らの現場で、患者と看護師たちが死を受容していく様子を、患者の死による「社会的損失」と看護師の「職業的冷静さ」というカテゴリーで示し、それらの関係を見いだすことで「理論」を生み出しました（人間の死という現実を、無駄な死ではなく、意味ある社会的損失としてしっかり認識する → 看護師はプロフェッショナルとして冷静にそれを患者に受け入れるよう促し、患者を助けていく）。

　これはきわめてデザイン志向のアプローチでもあります。まず現場からの観察データをもとに、いくつか重要な意味の集まり（カテゴリー）を見いだす。それらをマップ化して現場を描き出す。次に、それに基づいてどのように働きかければ新たな状況が生み出せるかを現場密着で「理論化」する。これはデザイン思考のプロトタイピング作業とほぼ同じ手続きです。

コーディングとは

　また、GTAはそもそも「理論とは何か」という疑問を提示しています。彼らがいう理論とは現場や当事者の文脈に密着した「領域密着型理論」を意味しています。それは現場に棲み込んで、有用な変数間の関係の発見を重視する姿勢です。これは一般的な分析的アプローチでなく、創造的アプローチだといえます。

　GTAは典型的な帰納法です。データを収集したのち、いくつかの段階で「コーディング」（符号づけ）を行う。まず変数を抽出し、それらの変数をまとめたカテゴリーをつくる。最後にこれらのカテゴリーをまとめてひとつのコンセプトを導き出す。この一連の過程は、観察から概念化を行うものと考えられます。コーディングの過程は、次の3つのステップからなります。

① オープンコーディング（データからラベルづけへ）

　観察やインタビュー記録（エスノグラフィー）をもとに、最小

単位のデータに切り分けて、それらを眺め、比較しながら、意味のまとまりを発見して、ラベル（キーワード）をつける過程（変数を抽出する）

② **軸足コーディング（ラベルからコンセプトへ）**
全体をいくつものラベル（変数）で表し、それらの関係を明らかにし、つぎに代表的なラベルをもとにしながらさらにより大きな意味のまとまり＝カテゴリー（コンセプト）を見いだす過程

③ **選択的コーディング（コンセプトから理論へ）**
中核となるカテゴリーを決め、その他のカテゴリーを関連付けて、実践のための道筋を明らかにする（理論化）過程

　こういったステップは、私たちが現場を観察し、それを単に集約的に整理したり、茫漠とイメージや図で理解しようとするのとは異なります。GTAのコーディングは意味の関係を体系的に記述して問題を明らかにしていく場合に有効でしょう。さらに、そこから、変数（ラベル）やコンセプト（カテゴリー）の関係として、新たな理論やモデルを生み出すことができます。

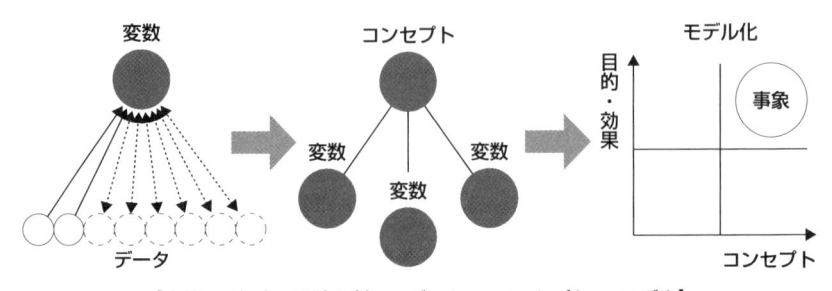

【変数から概念、理論を創る：データ → コンセプト → モデル】

Chapter 4 コンセプトをデザインする

【フィールドノーツから（オープン）コーディングする際のコツ】

- まず、自分が書いたノーツからコーディング
- ノーツはどんどん分割する、切片化する、文章を切る
- 直感的にコードがつけられないノーツはどんどん飛ばす
- 眺めてもコーディングできなかったノーツは、見なかったことにする
- 育てたコード表はよくよく眺めて、ブラッシュアップする

例）ショッピングセンターでの行動の観察データからラベルづけを行う

- 人々はどのように行動しているのだろう
- 人々はなぜこのように行動しているのだろう
- 人々が望んでいるものは何だろう

本来の居場所：都心百貨店の買い物袋を持って地場スーパーでアイスを食べて休んでいる初老の女性、満たされていないニーズ

ふれあう対話：アウトレットモールのお父さんと小さな女の子が2人で、母親がショッピングしているときのわずかな父娘の対話
など

居心地のよい空間、効率的な作業、顧客へのサービス、家族団らんの場、活気のあるお店、演出された空間、豊富な取扱商品、市場のようなお店、楽しめるお店、計算されたフロア配置、楽しくお仕事、後進の指導育成、さまざまな客、すばらしいチームワーク、静と動……

【軸足コーディングへ】

- 意味のまとまり（カテゴリー）同士はどのように関連しているのだろう

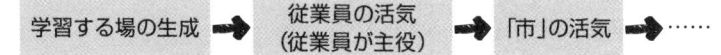

学習する場の生成 → 従業員の活気（従業員が主役）→ 「市」の活気 → ……

【選択的コーディングへ】

- どのような行動の変化をもたらすことがよいのだろう

学習プロセスの明確化、チームへの権限委譲、サポートと表彰

GTAの一般的な手順

1) インタビューや観察からフィールドノーツをつくり、最少単位のデータに切片化する作業。

社内外の声:Code順 (仮称)

グループ	ノーツNo.	文節No.	Code	ノーツ	場所
1	11	1	6	《金沢懇親会1次会、2次会》パートナー 対応時間帯を延長、特に夜に帰社し事務所からの電話サポートを希望	金沢
1	10	2	6	《金沢懇親会1次会、2次会》社員 デスクにかけれる権限が欲しい。	金沢
3	42	3	6	《名古屋カンファレンス会場》パートナー 三重から名古屋は遠いな・・・	名古屋
3	36	1	6	《名古屋カンファレンス会場》パートナー 名古屋でも夏季研修を実施して欲しい。	名古屋
6	88	1	6	《東北懇親会》社員 XXさんが全部対応できない状態なので自分も問合せで聞きたいことが多いが、うちの販推は外出が多くすぐに答えをもらえない。我々社員が問合せできる窓口がほしい。以前は商品がデバイスだけだったが○○○○と△△△△が出て顧客のネットワーク環境にからむところがあるととてもむずかしくなったので、問合せたいことが多い。	東北
6	86	1	6	《東北懇親会》パートナー 私がサポートする営業マンに40人位います。みんな、製品の仕様や機能といった基本的なところはおさえていてわかっています。私に質問が来るケースはたいがいどうにも解決できないようなものばかりです。 営業マンから私への質問は、みな急きのものです。でも私も大勢サポートするので急ぎ対応	東北

受講者が現場でGTAを活用した例:切片化されたインタビューデータ

2) 次に切片化されたデータをつきあわせて、共通した意味のものをまとめラベル化する。これらをさらに関連づけながらコンセプトやモデルを形作っていく(オープン・コーディング過程)。

Code一覧表

No	項目名
1	役割がわからない
2	仕事を遂行できない
3	パートナー社員のスキルが低い
4	情報の精度が低い
5	情報が足りない
6	情報入手の機会が少ない
7	情報を見つけにくい
8	情報提供者の応対が悪い
9	情報に魅力が無い
10	情報入手先は他に有る
11	デバイス製品仕様への不満
12	アプリケーション製品仕様への不満
13	ソリューションへの不満
14	XXの成果
15	提供サービスへの好評価
16	その他

受講者が現場でGTAを活用した例:オープンコーディング

Chapter 4 コンセプトをデザインする

3) マップ化
　（クラスター化する）
　　通常のデザイン・ワークショップなどでは付箋紙を多用して現場のフィードバックを行い、そこからアイデアをまとめていきます。GTAはそういったプロセスをより組織的にかつ本質的に行う上で、方法論的に理解しておくのに役立ちます。GTAの観点からみれば、データを切片化し、まとめ、ラベルづけをし、それらをいくつかのまとまり（変数あるいはカテゴリー）として相互の因果関係を見いだすクラスター化の作業ということになります（軸足コーディング過程）。

付箋紙を使った作業で簡易版GTAを行う
（経営大学院プログラム）　写真：紺野登

4) カテゴリー群からコンセプトを生み出す
　　変数やカテゴリーからコンセプトを導き出す際には、演繹や帰納といったアプローチだけでなく、前述したアブダクションが重要です。アブダクションは新しい観念（強力な仮説）を導く唯一の操作であり、帰納よりもはるかに強い型の推論です。しかし、この創造的仮説はひどく間違う可能性もありま

す。注意が必要です。そのためには再度フィールドに行きましょう。演繹や帰納だけでは、新しいものは生み出せないのです。新しいコンセプトの創造には、アブダクションしかないといえるでしょう。

5) 理論化・モデル化する（選択的コーディング過程）

　　GTAではデータ収集・分析・コード化を同時進行的に行います。このプロセスにおいて、データは「理論的サンプリング」に従って収集されます。理論的サンプリングとは、理論を形成するために行うデータ収集のプロセスのことであり、どのデータを次に収集すべきか、それをどこで見つけるべきかを決定するものです。理論的サンプリングは、「理論的飽和」に至るまで続けられます。理論的飽和とは、あるカテゴリーに関するデータを新たに入れ込んでも、カテゴリーの内容がそれ以上発展しない（変わらない）ような状態のことをいいます。こうして生まれた「領域密着型理論」は、その現場で有効な理論です。それをさらに複数の状況に照らし、また文献データなどによって定式化するとフォーマル理論（formal theory）と呼ばれます。けれどもGTAはあくまで現場を離れてはいけないのであって、どこまでいってもグランド・セオリーにはならないのです。

(3) ナラティブベース・メディスン
知識を組織づける行為

　分析的な作業の最終形がレポートやメッセージ（結論や勧告）だとすれば、知識デザインのプロセスにおいては、何らかの「仮説」、あるいはコンセプトや実践に導くモデル、あるいはプロトタイプなどの物理的解決が生み出されることになります。それらがいかなるものにせよ、最終的に発見された諸々の要素または知識を組織づけて、わかりやすく現場にフィードバックしていかなければいけません。

　そのために「プロトタイピング」の作業が重要になります。プロトタイピ

ングは、模型や物語り（ストーリーテリング）、演技など、さまざまな手段を用いて簡易迅速に知識の表現を行う、相互作用的な場面、舞台（ステージ）です。その過程を通じて、顧客や組織の現場が理解、自覚を深めて、新しい施策やイノベーションの実践が促進されるという効用を持っています。

　ワークショップやコンセプトづくりのプロジェクトでは、身振り手振りでアイデアを示し、そこで即興的にアイデアを進化させていく「ボディストーミング」や、コンセプトを物語で語らせる方法があります。模型制作なども、モックアップのような精緻なものではなく、「解像度の低い（low fidelity）」、おおまかなイメージをつかめるものの方がコストやスピードという面でも、また、発展の可能性、余地を残す意味でも適しています。

　これらの基本にあるのは物語やエピソードの連なりとしてコンセプトを理解してもらうことです。ストーリー（お話）というと子供っぽく聞こえるかもしれませんが、概念的にいえばそれは「ナラティブ（narrative）」あるいは「ナラトロジー」「ナラティビティ」などと呼ばれる知の領域です。ナラティブは物語そのものではなくて、物語を、始点（はじまり）、中間点（途中）、終点（おわり）からなる、一体性をもった知識や事象（出来事）の集合として考えることです。

　ナラティブもまた20世紀以降の時代の概念で、視点から文学や歴史、さらには精神医療までを考えるというのは（フロイトの精神分析からスターウォーズまで）、この100年くらいの創造的な知の歩みだったといえます。

　このようなナラティブ・アプローチは一種の「癒し」のプロセスと考えてみることができます。「癒し」は患者が、古い物語から脱して、自ら新しい物語を語り始めることから得られます。これは個人でなく、組織にとっても同じです。「ナラティブ・アプローチは、組織を理解しようとする。そして、組織の中で語られる物語と、組織について語られる物語を通じて、組織改革を推進しようとする」とT・グリーンハル（2008）はいっています。それは、「古い」物語に対しての新しい物語が語られることによって、「癒し」（組織改革）が生まれるからです。

ナラティブ（ストーリー）の本質

「ナラティブベース・メディシン（NBM：narrative based medicine）」は医療におけるナラティブ・アプローチの応用ですが、さらに、ビジネスやデザインに展開されるコンセプトでもあります。まずNBM（注）では、病気をもつ患者はその内に「物語」を持っていると考えます。そしてその患者の病気にかかわる言葉（語り）をよく聴いて、そこで対話していく。とくに、よく聴くことが重要だと考えます。つまり傾聴が医療者の診断プロセスさらに治療的役割として有効だというのがこのアプローチの基本的考え方です。

デザイン・プロジェクトへの応用場面では、対象は患者でなく顧客やワークショップ参加者であり、物語りの行為を通じて解決に至ることを狙いとします。これには2つの面があります。ひとつはエスノグラフィーのインタビューにあたるもので、ユーザーに語ってもらうことで豊かな洞察を得るという面（過去から現在までの物語）。もうひとつは、対話から浮かび上がってきた解決策をユーザーに語ってもらう、あるいはユーザーと語りあいながら、現実化していくという面（新しい物語）です。

ひどく当たり前に聞こえますが、物語の構造（ナラティブ）を最初に示したアリストテレスはその『詩学』（松本仁助他訳、岩波文庫版、1997年、などを参照）で、物語には「はじまり → 途中 → おわり」という時空間の展開があるといったのです（その多くは悲劇論なのですが）。

デザイン思考におけるNBMの役割は、プロダクト・アウトあるいはサプライサイドの論理ではなく、顧客との相互作用の中から新たな意味を発見し、物語的にコンセプトを形成、理解していくという点です。顧客（クライアント）の語りのプロセスから、発見的に、始点、中間点、終点という軸に沿って、顧客の反応をフィードバックしながら一緒に物語をつくっていく。その過程で顧客の気持ちが満たされ、新しいアイデアが生まれるといえます。したがって、プロトタイピングにおいても、ただモノをつくったり、場面を描くのでなく、そこにこういった流れがなければなりません。

こうしたナラティブ・アプローチをイノベーション・プロジェクトあるい

はビジネス・デザインの過程で用いることで、顧客のフィードバックを得ながらコンセプトや戦略を描き出すことができるでしょう。こうしたアプローチは後述するシナリオ的アプローチにも通ずるところがあります。

注：このNBMの考えは「エビデンスあるいは根拠に基づく医療（EBM：evidence based medicine)」と対比されることが多い。EBMもまた1990年代初頭からの医療や看護の分野でのひとつの潮流である。こちらは科学的根拠に基づく医療であり、過去の研究結果を標準化して、特定の治療法の妥当性を検証しようとするアプローチである。これらは対比というより補完的であり、NBMは主観を重視した患者の内からの治療、医師との相互作用をもとにする。また、NBMは「医師中心性 (doctor centeredness)」から「クライアント中心性 (client centeredness)」あるいはhuman centerednessへのパラダイム変化としても理解されている。

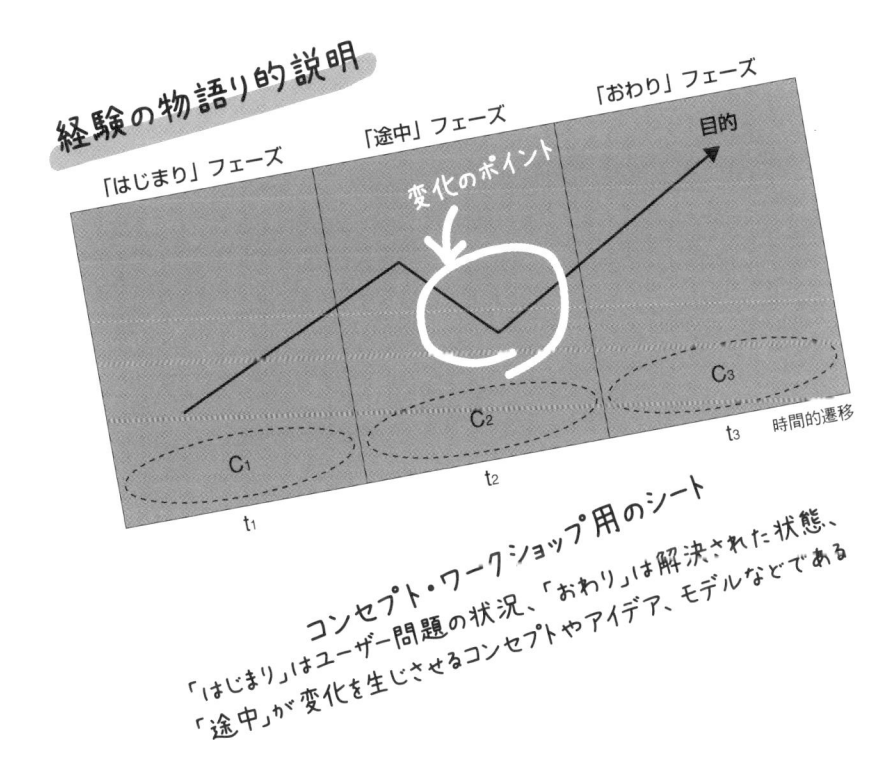

経験の物語り的説明

「はじまり」フェーズ　「途中」フェーズ　「おわり」フェーズ

変化のポイント

目的

C_1　C_2　C_3

t_1　t_2　t_3　時間的遷移

コンセプト・ワークショップ用のシート
「はじまり」はユーザー問題の状況、「おわり」は解決された状態、
「途中」が変化を生じさせるコンセプトやアイデア、モデルなどである

【人格化されたショッピング・サービスのナラティブ・プロトタイピング例】
　下記は新しいショッピング・サービスのアイデアを説明するための例。機能ではなく、顧客の内的経験としてサービスを提供するというコンセプトに基づいている（場面：2人の掛け合いのかたちで）。

　はじめ：落ち込んだ気分

ユーザー：（ショッピングセンターにて、疲れた表情。困ったようにiPhoneを取り出し、アプリケーションを呼び出す）

プログラム：今日はどうしましたか？

ユーザー：……（しばらくの沈黙）……どんなインプットをすればいいかわからないの。気分が晴れないし、ショッピングのことなんか大体考えられない。

プログラム：ほお？

ユーザー：（沈黙）

プログラム：ご家庭の方はどうですか？

ユーザー：まあまあです（と、アプリに応答する）。

　途　中：楽しい記憶の回復

プログラム：この間はワインを注文しましたね。

ユーザー：ああ……

プログラム：ワインは気を晴らすのにいいですかね？

ユーザー：この間は友達が訪ねて来たわ。あのときにはアンチョビを買い忘れた。

プログラム：代わりに何を召し上がったんです？

ユーザー：缶詰のサーディンだったかしら。

プログラム：今日この店では新鮮なイワシが入荷してますよ。イワシのグリルに重ための地中海産赤ワインを組み合わせてみたら？

ユーザー：私、疲れてしまっていて……。

プログラム：わかりますよ。ほら、これがあなたのお友達の好きなメニ

> ュー。気分を変えてみませんか？
>
> おわり：新たな感情
>
> ユーザー：あなたから彼女にこれからお誘いのメールを打って頂戴。
>
> プログラム：もちろんおやすい御用です。その他の食材は基本メニューで注文して駐車場までお届けするようにしておきます。
>
> ユーザー：ありがとう。気分が晴れるようにインテリアグッズを見に行くわ。
>
> プログラム：ではまたそちらで！

物語りによるプレゼンテーションの現場
（経営大学院プログラム）
写真：紺野登

3つのタイプの位置づけ

以上、3タイプの質的研究方法論の概略を紹介しましたが、これらには共通したプロセスがあります。まず、①現場観察あるいは顧客のフィールドが起点であるということ。エスノグラフィーではこれがほぼすべての活動ともいえます。GTAもまさにそのフィールドに領域密着したアプローチです。次に、②現場からの経験データの獲得と「変数」の抽出。エスノグラフィーでは、現場観察を通じた仮説の形成が進められます。③そして、理論やモデルの発見。③～④はGTAの主眼です。そして、④対話と実践。ナラ

質的研究の基本的流れ

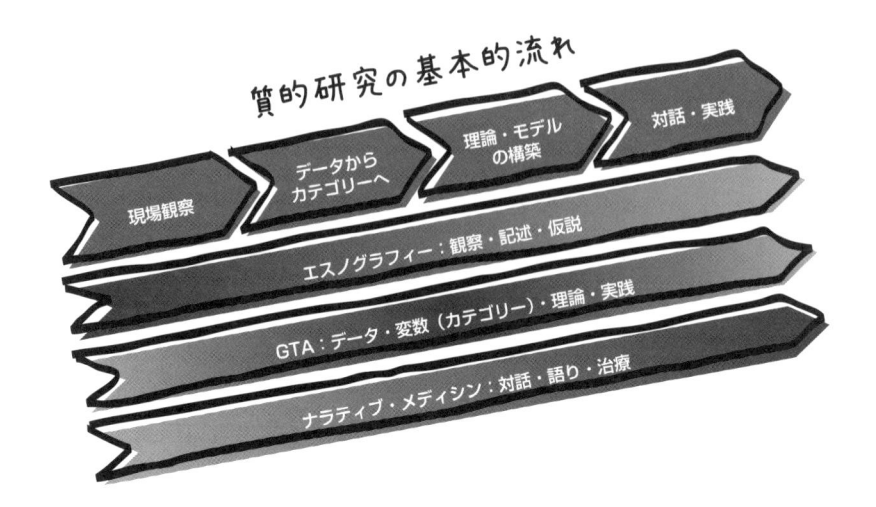

現場観察 → データからカテゴリーへ → 理論・モデルの構築 → 対話・実践

エスノグラフィー：観察・記述・仮説

GTA：データ・変数（カテゴリー）・理論・実践

ナラティブ・メディシン：対話・語り・治療

ティブ・アプローチの重点はここにあります。

　三者は目的によって使い分けることも、組み合わせることも可能です。実際のデザイン・ワークの応用でいえば、顧客や現場の観察から問題を発見しようというときにはエスノグラフィーが主になるでしょうし、コンセプトを具体化するためにはGTAが有効です。また対話、実践を通じて現場に変化をもたらすあるいは顧客に再び働きかけたい場合はGTAやナラティブなアプローチが適しているといえるのです。

4.3　インタラクション主義のすすめ

出会ったからこそ生まれるアイデアがある

　①エスノグラフィー、②GTA、③NBM、いま紹介した3つをまとめて質的研究方法論といっていますが、いずれも企業が顧客との社会的な相互作用のなかでイノベーションを進めていく、デザイン思考にとっての重要な道具です。三者に共通するのは、従来のデータの分析ではありえないこと。つまり顧客との相互作用によって、その出会いがなければ生まれなかった

新しいアイデアが生まれるという観点です。

　分析的な方法は、確かに今見えていない隠れた事実を明らかにしてくれます。しかし、分析的思考は過去のデータを材料とします。それは「今ある事実」あるいは「過去の事実」です。「見える化」や分析は客観的であることが求められます。ところが客観的であればあるほど、それは差別性のないものにもなっていきます。分析の場合は、分析者が分析に影響を与えてはならないという客観性を重視するので、(問いがユニークでない限りは) 結果、答えは皆似てくるのです。

　一方、イノベーションでは、他社にまねのできない独自のアイデアや価値を求めます。それは顧客とわが社（提供者）との相互作用によってしか生まれてきません。そこでは、わが社と顧客が出会ったからこそ生まれるもの、禅で言う「一期一会」のような、創造が基本となるのです。

　いま、世界的な景気の不安定性が常態化しています。しかし、たとえ経済が回復し景気はよくなっても、果たして昨日までの顧客や需要は戻ってきてくれるでしょうか。おそらく戻って来ない、と考えておくこともひとつの選択肢でしょう。ではどうするのか。顧客や需要を新たに創造するしかありません。

　そのためにはデザイン思考など、知識デザインの思考が不可欠です。変化の中でまず求められるのは、分析的思考ではありません。安定した市場や業界がある時代ならよかった。そこにすでに「ある」(存在した) 需要や競争を徹底的に調べれば自社と競争相手の強み・弱みがわかったから。しかし、いま、不確実で複雑な環境においてはそれがあまり役立ちません。なぜなら、需要はなく、自社と顧客との相互作用を通じて創造していかなければならないものだからです。

私たちはシンボルのやりとりで意味を生み出す

　質的研究方法論の背後にある共通した考え方、方法論的前提となるのが「シンボリック相互作用論」です。これは、人間間の社会的行為をシンボリ

ックな相互作用（symbolic interaction）の過程としてとらえ、社会的現象を＜行為者の観点＞から明らかにしようとする人間中心のアプローチです。それは、社会的現実は、シンボル（言語や意味）を操作する人間の動的な相互作用を通じて現れるものだとみなす人間・社会観なのです。

いったん、「企業と顧客」といった対立を忘れてみましょう。私たちはどんな立場であれ、それぞれが経験を共有しながら、さまざまな意味の世界を生きています。一人一人の内面にある精神（心）や自我をもとに、私たちは言語（有意味なシンボル）によって他人と社会的交渉を行いつつ生きているのです。こうした人間間の社会的相互作用とは、コミュニケーション行為の現場におけるプロセスであり、そうやって他者と自己が関わるときには、言葉や行為の理解と解釈、状況のあり方が絶え間なく変わっていきます。

そこでは、その交渉以前には考えられなかったような相互作用を通じた意味の形成が起こりうるのです。ところが客観的調査・分析ではそうした意味形成や真の意味の把握ができません。質的研究方法論のアプローチはそういった意味で、「デザインする」思考なのです。デザイン思考の他の思考との違いは、それが身体や感情を動員して、結果的に現場に密着した知を生み出すという点です。現場に身体的に関わり、状況の中で「受信」した身体・感情のデータを、さらに周囲との相互作用として関係づけていく。その過程で、結果的に新たな知識やモデルが生まれるのです。

プロトタイピング──モデル化する

モデルとは模型、雛形、方程式などさまざまな形態をとります。コンセプトや理論などの特定の側面を明らかにしながら、実在しては見ることのできないものを共有し理解できる対象とすることです。

モデル化あるいはプロトタイピングには、2つの側面があります。ひとつは、現場から直観的に得られた知見を伝達しやすく、まとめやすくする「仮説の媒介」としてのプロトタイプ。これによって、私たちはある程度抽

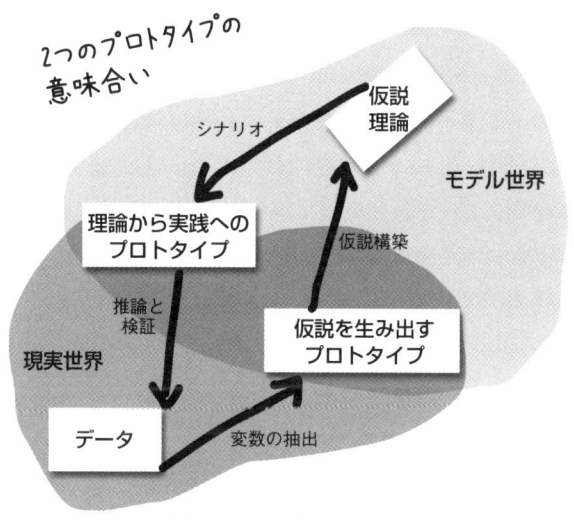

Chapter 4 コンセプトをデザインする

2つのプロトタイプの意味合い

```
        シナリオ          仮説
                         理論
                                    モデル世界
    理論から実践への
    プロトタイプ        仮説構築

      推論と
      検証       仮説を生み出す
                 プロトタイプ
    現実世界

     データ     変数の抽出
```

参考：Sica, A. (1998) "What is Social Theory?"

象化されたレベルで現場での有様を知ることができます。また、そうやって得られた知見からコンセプトあるいは理論を仮説した後、それに基づいたプロトタイプをつくる。そしてこれらを通じて得られた仮説を検証するのがもうひとつの役割となります（これについては第6章のシナリオ・ベースド・デザインでも再度採り上げます）。

形成的な評価が大事

一般的に企業には、分析を通じて、おのずと、おそらく無意識的に確実と思われる着地点を見いだそうとする「決定論的」（deterministic）な傾向があります。市場分析、戦略計画の立案、コア・コンピタンスの定義などにおいては、業界の枠を定め、市場や自社の既存の内部資源に基づいて演繹的に結論を導き出します。実はこうした思考プロセスは決定論的だといえます（分析していくと答えがひとつあるという前提に立っています）。ところが、分析が厳密であればあるほど、企業は一元的な戦略の世界観に縛られてしまいます。決定論的戦略は一元的世界観をもたらす危機をはらんでいるのです。

一方、未来への選択肢を仮説し、常に新たな可能性が生み出される余地を残しておくという、補完的な考え方が非決定論的（indeterministic）なアプローチです。H・ミンツバーグをはじめとする研究者が戦略計画を批判するなど、非決定論的アプローチの重要性は大きく認識されてきました。戦略はトップダウンで実行しようとしても状況変化に応じて変質してしまう。むしろ刻々の変化に応じて「創発」する戦略が望ましいというのがミンツバーグなどの考え方です。戦略を「育てる」態度といっていいでしょう。こういった態度がイノベーションを志向する企業には不可欠です。

一般に知識や能力の評価の方法は総括的評価（summative evaluation）と形成的評価（formative evaluation）に大別されます。総括的評価はソフトウェア・プログラムなどの開発で目標達成の程度を判断するためのデータを提供する、事後的な決定論的評価です。他方、形成的評価はプログラムの過程でフィードバックを行い、成長や改善、向上を促す評価です。「コックがスープの味見をするのは形成的評価で、お客がスープを味わって評価するのは総括的評価」です。形成的評価は育てるために評価する態度や仕組みであり、デザインの知の方法論に適した評価の考え方です。プロトタイピングによるビジネスモデルの評価やイノベーション・アイデアの評価には不可欠だといえます。

質的研究方法論を経て生まれてくるアイデアやコンセプト、モデルは、開かれた「場」での問い（inquiry）を通じて評価されることでイノベーションに繋がっていきます。それは総括的評価であってはなりません。なぜならまだ私たちには答えが見えていないからです。100点満点をとったら合格、というものではありません。

したがって現場における問いは重要です。キャリア、年齢等に関係なく何人もの人間が数日間泊まりこんで徹底的に自由な本質論的討論をする、ホンダの「ワイガヤ」と呼ばれる討議も創造的問いの典型でしょう。3Mにおける財務コントローラーの開発現場での役割（開発を制約するのでなく支援する）にもこの形成的アプローチは共通しています。それは定型的・

総括的ではなく文脈に沿った問いでもあります。こうした問いは組織の「創造的ルーティン（creative routine）」として、エスノグラフィーなどの方法論とともに日常の組織的実践に埋め込まれていなければならないでしょう。

偶然を呼ぶ必然

そこには思わぬ副作用もあることでしょう。セレンディピティーは英国の小説家にして政治家、ホレス・ウォルポールが寓話『セレンディップの三人の王子』（*The Three Princes of Serendip*, 1754）から造語したものです。主人公であるセイロン（つまりセレンディップ国）の3人の王子が行く先々で偶然に助けられ、幸福と勝利を得る話からきています。

一般的に「セレンディピティー」とは、思わぬ発見をする能力のことをいいます。つまり、本質的にアブダクションの能力にほかなりません。思いがけないものを発見する——しかも単なる幸運でも偶然でもなく、何かを懸命に追求する者に、思わぬ発見をもたらすのです。ただし、それは、必ずしも求めるものとは限りません。何かを探している時に、探しているものとは別の価値あるものを見つけることを指す言葉でもあります。

セレンディピティーはイノベーションの友です。とくに試行錯誤の過程での、思いがけない偶然が重要なのです。それは純粋な少年といたずらな妖精の関係を連想させます。身近な例では3Mのアート・フライが開発した「ポスト・イット」ノートがセレンディピティー・イノベーションの典型です。ノーベル化学賞を受賞した白川英樹・野依良治・田中耕一三氏は、いずれも、彼らの発見のもとになったのは「実験の失敗」であったといいます（吉原賢二『化学者たちのセレンディピティー ノーベル賞への道のり』東北大学出版会、2006年）。

しかし、こういった偶然はまったく偶然で起こるのではないのです。現場に赴き、出来事のディテールを観察し、そこから何かを得ようとするプロセスから生ずるのです。あるいはそれを支える組織文化、体制、リーダーシップが引き起こすのです。

chapter 5
ビジネスモデルをデザインする（関係性のデザインの方法論）

このTシャツを使ってビジネスモデルを考えよう。

5.1 ビジネスモデル・イノベーション

家電、パソコン業界の劇的変化

　日本の家電・エレクトロニクス業界は「失われた20年」にわたり元気のない時代が続きました（営業利益率の低迷、効率追求による内部疲弊）。大きな原因のひとつはビジネスモデルの革新が進まなかったことでした。ハードなモノづくりでは変わらず優れた点があり、大きな売上高も誇って持続している企業も多いのですが、結果、営業利益率は欧米の大手と比べ相対的に低い状態にあります。一部の成長企業を除けば、何とか持続している原因は「慣性の法則」ゆえだとさえいえます。

　ビジネスモデル、といいましたが、1990年代末に日本でも「ビジネスモデル」ブームがありました。しかし、当時のビジネスモデルには、後で述べる欠点があったのです。結局ビジネスモデルは日本企業にとって大きな経

営議題にはなりませんでした。逆に21世紀に入ってからは「モノづくり」経営がブームになりました。しかし、日本企業とりわけ製造業にはかつての元気が戻らなかったのです。

　ビジネスモデルは、単にモノとカネと情報のやりとりを図式にしたものではありません。本来、それは**自社の活動を顧客価値に結びつける、多様な要素の関係性のデザイン**なのです。ここでいう「要素」とは資源や（知識）資産、能力、なにより顧客やパートナーとの関係などです。

　実際、家電・パソコンなどのいわゆるエレクトロニクス業界は大きなビジネスモデルの変化の波を何度もかぶってきました。

　たとえば、第2章でも挙げたデル・モデルに代表される、顧客ごとのカスタム化生産です。これは裏返していえば画一的量産モデルの終焉であり、製造業を変質させるものでした。そこでは顧客情報を価値に変えるデザイン力が決め手となりました。

　アマゾン・ドット・コムなど、個客対応の電子商業の台頭は流通経路を一変させました。アマゾンの売上で最も大きいのが家電ジャンルです。アップルのメインのチャネルは自社のアップルストアとネット上の「ストア」です。系列販売店や大型量販店中心の流通体制を構築していた製造業にはこれらが大きな負担として増大することになりました。また顧客のグローバル化（多言語化）が進んだことも大きな影響でした。

　家電・パソコンの融合あるいはモバイル・ネットワークとの融合は、ネットワーク・サービス、コンテンツ、アプリケーション主導へと業界の性質を変えました。製品を売り切りにするのでなく、アップグレードやバージョンアップ、コンテンツ・サービス等で顧客を組織化するマルチ・プラットフォーム型モデルが台頭していきました。典型的なのはアップルのiTunes Storeです。

　またさらに大きなインパクトをもたらしているのがBOP市場などをもとに繰り広げられているグローバル市場でのコモディティ化と、その反作用としてのプレミアム（高付加価値）戦略モデルの陳腐化です。ハーバード大

学教授のクリステンセンの「破壊的イノベーション」の理論も、そうした異なるビジネスモデルの問題としてとらえることができるでしょう。

既存のビジネスモデルを疑う

今、世界中で製造業のビジネスモデル革新が進んでいます。たとえばフィンランドのノキア。彼らは今、携帯電話の会社（製造業）からインターネットの会社に変身しようと躍起になっています。根底にある課題はビジネスモデルのイノベーションです。別の言葉でいえば、「本業」をリ・デザインすることへの挑戦でもあります。

IBMの「グローバル2006レポート」によれば、ビジネスモデルのイノベーションが企業の成長に最も大きな影響をもたらします。同調査では、製品やサービスのイノベーター、オペレーション（生産方法や業務プロセス）のイノベーター、ビジネスモデルのイノベーターの三者の過去5年間の営業利益成長率を比べています。最初の二者がほとんど成長していない（ゼロ成長）のに対して、ビジネスモデルのイノベーターは平均で5％成長しました。

多くの日本企業が固定的なビジネスモデルから抜け出せないでいます。そのひとつの理由は、モノづくりに目がいきすぎ、従来型の固定観念のまま事業を続けていることです。逆にモノが売れないからコトで儲けよう、と短絡してしまうケースも少なくありません。アップルは上で挙げたビジネスモデルの要素をすべて組み合わせていますが、同時にiPodなどのハードでも収益を上げるビジネスモデルを築き上げており、これは同社の強みともなっているのです。ソフトやサービスを売るのだから、あるいはハードはプラットフォームなので利益を出さなくていい、とアップルは考えなかったのです。

また、「グローバル2006レポート」によれば、成功したビジネスモデルのイノベーターのいずれも自社利益にとどまらず、社会的革新を志向する、という共通点がみられたといいます。ビジネスモデルのデザインはエコシステムやオープン・イノベーションなど社会的関係性を無視しては考えられな

いのです。オープン・イノベーションなどの例を挙げるまでもなく、世界の産業構造自体がハード、ソフト、通信サービスなどの産業分類を越えたネットワークによって大転換しています。かつてのビジネスモデルの考え方は、自社中心主義だったように思います。しかし、いまやビジネスモデルは一社の枠組みの中で考えてはならないのです。

こうした変化を目のあたりにして、ビジネスモデルはどの業界でも多様化の傾向を辿っています。ITサービス業であれば、従来型のSI(システム・インテグレーター)、クラウド型のサービス・モデル、アグリゲーターモデル等が広がりつつあります。コンサルティング業界でも、コンサルティング・フィー型、定額料金型、成功報酬型など、収益モデルが多様化しています。

こういったビジネスモデルへの挑戦にデザインの知や思考が欠かせないことはいうまでもないでしょう。分析やロジックからは新しいビジネスモデルの視点は生まれてきません。まずさまざまな仮説を立て関係性を生み出すことが出発点になるからです。

VIZIOショック

2007年第2四半期、北米のテレビ市場にショッキングなニュースが流れました。ブランド別出荷台数シェアで「無名」の企業、ビジオ(VIZIO)社が液晶テレビと薄型テレビの区分で首位を獲得したからでした。

VIZIO社の戦略は基本的に低価格商品の販売です。期間限定で999.99米ドル(当時通常価格1199.99米ドル)の42型フルHD液晶テレビを投入しました。このとき、市場3位だったソニーは6位へ転落してしまいました(後に新たな価格ラインの製品を投入し2008年第1四半期ではシェア奪回しているが、VIZIOはシェアを維持している)。

しかし決して単なる安売りではないのです。単純な低価格戦略なら差は縮めようがあります。問題はこうしたシェア競争ではなかった。それはカリ

フォルニア州アーバインにある同社が当時は従業員数80名ほどの会社だったことに象徴されています。同社は元PC関連コンサルタントのウィリアム・ワン氏が2003年に設立した企業です。パソコンのビジネスモデル（デル型生産モデル）を導入してデザインに特化し、急速にシェアを伸ばしました。ファブレスで生産を台湾のアムトラン・テクノロジーに委託、独自の流通網も持たず、大型量販店（ウォルマートなど）にクリスマス・シーズンなどに集中してスポット的に販売するなど限定したチャネル政策をとっています。米国においても長年の努力の末に流通網を構築してきた日本企業に対する大きな挑戦でもありました。

　しかし、こういったVIZIO社に対して、当初、日本企業は「安売りであるなら利益は出ない。シェアよりも利益である（ゆえに消える）」として軽視し、警戒していなかったようです。ところが、VIZIO社はコモディティ化する市場で在庫リスクを持たない生産モデルで利益を得ていたのです。逆に技術力を誇る日本メーカーが利益を失ってしまいました。大きな組織を引きずったまま低価格化のスパイラルに入り、消耗戦から逃げられない事態となったのです。製品レベルではそれなりの品質で低価格ということ以外大差はないものの、利益構造が違っていました。製品品質では絶対に負けないのですが、ビジネスモデルやデザイン力がもう一歩およんでいなかったのです。

　安い商品イコール見た目のデザインが悪い、低価格のためデザインができないと思われがちですが、VIZIO社はデザインを重視し作業性・使い勝手に集中しました。購入後液晶の「ドット欠け」があれば無条件で交換するなど、いかにユーザーが容易に欲する商品を使えるようになるかに腐心しました。トラブルなく自分で購入し、運び、設置できるまでのプロセスにデザインの力点があります。外構の素材もDIYで壁に設置する際に楽なように高品質アルミニウムを使用。背面の配線パネルはプロ的なスマートさは排し、簡易なアイコンを貼って簡単に配線状況がわかるようにしています。実際、ファブレスでデザインに特化した戦略だからこそ廉価な商品を

生み出しているのです。日本企業がVIZIOのモデルに続けというのでは毛頭ありません。むしろこうした挑戦に対して新たな観点から、ビジネスモデルを再考すべきだと思うのです。

モノの違い、モノのコストで見る日本企業

　日本企業に根強かったのは「よいものを作れば売れる」という、モノの品質をベースにした発想でした。あるいは、コモディティでは利益が出ないから、付加価値を積み重ねてプレミアム市場を狙おうという発想でした。しかし一部の市場や老舗企業等を除けば、これらの戦略は世界の現実との乖離を生んでいます。

　また最近日本では「ガラパゴス」化がいわれています。そこで、これもいいではないか、「ガラパゴス戦略」もあるのではないか、といった声も聞こえますが。しかしNTTドコモなどにしても最初からガラパゴス化を狙っていた訳ではありません。グローバル化を意図し、追求していた時期がありました（2000年8月ドコモは欧州携帯電話事業のKPN Mobile N. V. 社に出資、iモードを中心とするモバイルインターネットサービスを共同設立している）。現在はインド市場に参入しています。こうした意見には一面の真理はあるものの（必ずしもグローバル標準化競争や外需だけがよいわけではない）、内省の余地がありそうです。iモードなどが単体のサービスとしては成功例になりました。しかしいまそれとは別の観点から全体的にみると、海外での市場経験を持っていた日本のエレクトロニクス製造業が国内市場に集中し、海外向け携帯電話を製造する可能性を小さくしてしまったという影響がありました。それは地域（自国）電話利用者を顧客ベースとしてとらえるという伝統的電話サービスのモデルに基づくものであり、グローバル市場というビジネスモデル発想はなかったともいえます。後になってみれば、電話サービスのインターネット化によって、自国市場の顧客ベースにとどまらないグローバルなコミュニケーション市場が見えてきたわけです（たとえば後述するスカイプの2010年6月時の登録ユーザー数は世界で5億

6000万人)。

iPhoneに代表されるスマートフォン市場にしても、ユーザーはキー入力を望んでいるという調査に基づいていたため、日本企業は対応が遅れてしまいました。また日本の携帯の方が技術的にも優れている、ワイファイ・スポットも少ない、という理由でiPhoneへの評価が低かった。また、タッチ式のスマートフォンを使ったことのない、テキスト情報や電話しか使ったことのないユーザーに聞いても、潜在的ニーズは見えてこなかったのです。定量調査でマスの意見を聞くのではなく、たった一人でも次の時代の現実となるユーザーを発見するのがビジネスのデザインでは重要になります。「標準化」の議論も欠かせませんが、あくまで「モノ」の議論になりやすくなります。軸を変えて、顧客にとっての価値、市場志向での変化や事業提携などを考える余地がなくてはならないのです。

日本企業はモノのなかに知を押し込めるのが上手ですが、議論をしているとどうしてもサプライサイド発想になってしまいます。サプライサイド発想が悪、ディマンドサイドが善、というわけではありません。しかし、イノベーションが重要になるにつれ、サプライサイド発想の限界が生じています。ディマンドサイドでビジネスモデルを再考する必要があります。

広がらなかった「第1世代」のビジネスモデル

ビジネスモデルは重要にもかかわらず、忘れられていました。これまでのビジネスモデルについての議論は、企業の競争優位を実現するための戦略的視点が主でした。範囲も曖昧で、経営戦略、組織戦略、マーケティング戦略、情報戦略まで何もかもがビジネスモデルとして扱われるに至っていました。顧客価値の視点、あるいは多様な資源やパートナーとの関係性の視点、ダイナミックな進化の視点のいずれかが欠けていたともいえます。顧客への価値提供の重要性をいうだけでは固定的になってしまう。どのような関係性かが問われることでダイナミックになるのです。

1990年代末からの電子商業ブームなど「ドットコム・バブル」期。イン

ターネット上で行われるサービスでどのように利益をあげるかという仕組みがビジネスモデルといわれていました。「e-ビジネスモデル」といった呼び方さえありました。ビジネスモデル特許など、独自の囲い込みで集約し収益をあげる仕掛けや仕組みなどの面が、かなり矮小化して議論されていたともいえます。

典型的にはエンロン（Enron）でした。エネルギーを商材として扱い取引を広め、そのビジネスモデルは「B2Bマーケットプレイス」といわれました。同社は1990年代後半に急成長を遂げ、2000年度の売上高は1110億ドル、全米第7位となり、社員数2万名を抱えていました。しかし、巨額の不正経理・不正取引によって2001年12月に一気に破綻したのです。この有名なエンロンの中核にあったのが「エンロン・オンライン」でした。このインターネットを使ったトレーディングのシステムが、もともとエンロンの事業分野であったガス・石油から、電力、石炭、アルミニウム、パルプ、プラスチックなどの市場を対象に広がっていきました。さらに信用リスク、天候、ネットワーク帯域幅、排ガス排出権などの市場の胴元となって自らも取引を行いました。このモデルはいまでも重要性が指摘されるものの、顧客価値や全体のエコシステムとしてのバランスなどを欠いた「第1世代」のビジネスモデルと呼んでいいのではないでしょうか。

結局この世代のビジネスモデルが広がらなかったのは、自社利益中心の枠組みを描くことに関心があったことと「人間不在」「社会不在」だった2点だと思われます。

一方、再度いまここでビジネスモデルに注目するのは、（1）ビジネスモデルが対象とする企業の製品・サービスと顧客との関係性、つまり本来の価値創出の仕組みが重視されるようになったという変化と、（2）企業活動が、企業だけの問題にとどまらずに社会や環境との関わりのなかで再考されねばならなくなってきたという時代性の2点ゆえです。

第2世代のビジネスモデルはいかなるものなのか。自動車産業に代表されるように、これまでのビジネスモデルはサプライサイドの大量生産・消

費、効率的生産と流通（サプライチェーン）が基本でした。しかしいま求められるのはディマンドサイドのモデルです。実はこの発想の転換は容易でありません。たとえば「環境にやさしい○○○」といったサステナビリティのメッセージを考えてください。もしその「○○○」にあてはまるのがハードなモノの名前なら、本質的にはサプライサイドです。「環境にやさしい」というメッセージにもディマンドサイドからの視点が求められます。たとえばそれぞれの環境で暮らす人間にとってはどんな意味があるのか？　環境にやさしいコトとは何なのか？　つまり、**ビジネスモデルを顧客（ディマンド）サイドの視点から、今後の社会・経済によりふさわしいシステムのデザインの問題として再考する**ことが必要なのです。

ビジネスモデルの「3層」構造

　これからの企業のビジネスモデルは環境や社会に貢献し、人間や社会に幸福をもたらす「共通善」（common good）を追求する、社会との共生に基づくことが求められます。そのためには顧客価値が起点となります。そして独自の仕組みを構築し、実現することが目的です。背後では社内外の資産、とくに外部とのパートナーシップに基づく「知識資産」を組み合わせていかねばなりません。第1世代のビジネスモデルにはこういったエコシステム的な観点が抜け落ちていました。

　一方ではオープン・ビジネスモデルやオープン・イノベーションへの関心が高まっています。「わが社がオープン・イノベーションをする」かどうかにかかわらず、こういったオープンな産業社会の関係性はいずれにせよ拡大していくでしょう。流通業の業態革新の歴史などを見るまでもなく、ビジネスモデルの本質は、社会とのかかわりのなかでダイナミックな進化をもたらす、関係性のイノベーションなのです。

　「第2世代」のビジネスモデルは、こういった観点から次の「3層構造（レイヤー）」で考えられなければならないでしょう（第1世代は②のレイヤーがすべてでした）。

①顧客との関係性や顧客の経験の「価値」のレイヤー
②サービス(コトとモノ)提供、財務的(カネ)な関係性のレイヤー
③ビジネスやこれらの関係性を支える能力・資産・資源のレイヤー

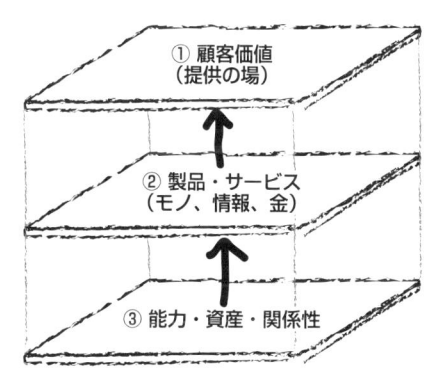

ビジネスモデル・デザインの基本的流れ

顧客・顧客価値 → 顧客価値の提供の仕組み → 能力・資産の関係性の構築 → 財務的仕組み

①顧客価値(提供の場)
↑
②製品・サービス(モノ、情報、金)
↑
③能力・資産・関係性

　この3つのレイヤーの相互作用から顧客価値が生み出されます。そのことを前提として、顧客価値の定義、製品やサービスの提供の仕組み、そのための能力・資産などの関係性のデザイン、あるいは財務的仕組みの構築など、顧客価値実現のためのビジネスモデルをデザインしていく必要があります。これは多くの要素を綜合する作業で、分析からは生まれてきません。

　後述しますが、こういったプロセスで常に忘れてはいけないのは、ビジネスを通じて顧客(ユーザー)が得る経験という視点です。これまで企業内では、業務プロセスを視覚化してコスト削減や効率性を追求する試みが盛んに行われてきました。一方で、企業が提供する業務やサービスを、顧客が「経験する」プロセスにはあまり関心が向けられてきませんでした。しかし、サービスの価値の原点は顧客価値であり、顧客との関係性とサービス提供プロセスのデザインという視点は不可欠です。

　製造業であっても、顧客への価値提供とはサービス的行為なのです。い

ま求められるのは顧客価値を見つめる、人間の顔をしたサービスができる企業です。そこにデザイン力が求められます。製造業であっても実はここがポイントです。従来の日本の製造業は感情的資質をあまりに軽視してきたとの批判もあります。

　要はビジネスモデルをモノの動きとしてではなく、一連の人間的なサービスのプロセスとして考えるということです。サービスにおける現場での相互作用（企業・顧客とのダイナミックな関係性）を価値提供の基礎に置くことです。サービスとは、提供者と利用者の間の相互作用プロセスにおいて利用者の便益を最大限満たすことで価値を創出する、デザイン行為の過程です。その真髄はプロダクト・アウト的な枠組みではなく、あくまで無形の顧客価値を顕在化し実現するプロセスです。

　それゆえ、ビジネスモデルには「遊び」の要素も必要です。サービスもコモディティ化します。ビジネスモデルも模倣されます。したがって、特定のサイクルでのビジネスモデルのイノベーションが求められます。サービスのイノベーションは、市場化の過程での非連続の連続的ビジネスモデル革新として起きていきます。固定的に考えるのではなく、常に創造の過程としてとらえていく必要があるのです。

5.2　ビジネスモデルのパターンを知る

ビジネスモデルの持つ「パターン」

　企業はユニークなビジネスモデルによって成長します。過去にはGMがクルマをファッションとしてとらえはじめた消費者に対して「モデルチェンジ」（動的陳腐化戦略）というビジネスモデルで世界一の自動車会社になりました。フェデラル・エクスプレスは大学教授から絶対成功しないと烙印を押された「一夜にして書類をとどける」顧客価値を核にしてハブ・アンド・スポーク網を形成するというビジネスモデルで他社にない地位を獲得

しました。

　サービス化する経済ではどのようなビジネスモデルを選択するかが成長や利益を決定づけます。これは業種を問いません。また、そこには業種のカベを越えて適用できるパターンが存在します。典型的なのはすでに述べた「デル・モデル」などです。

【サッカー・ビジネスのビジネスモデル】
　元FCバルセロナの最高責任者フェラン・ソリアーノの魅力的な著作『ゴールは偶然の産物ではない』によれば、サッカー・ビジネスには次の3つのビジネスモデルがあります。(1) チームのプレーやその映像コンテンツを市場に流通させて収益を得るという最も基本となるモデル、(2) 地域に独自のユース（若者）組織を設立して若年層にサッカー教育を行うモデル。このことでファンと選手（資産）の双方を育成できる。そして (3) ク

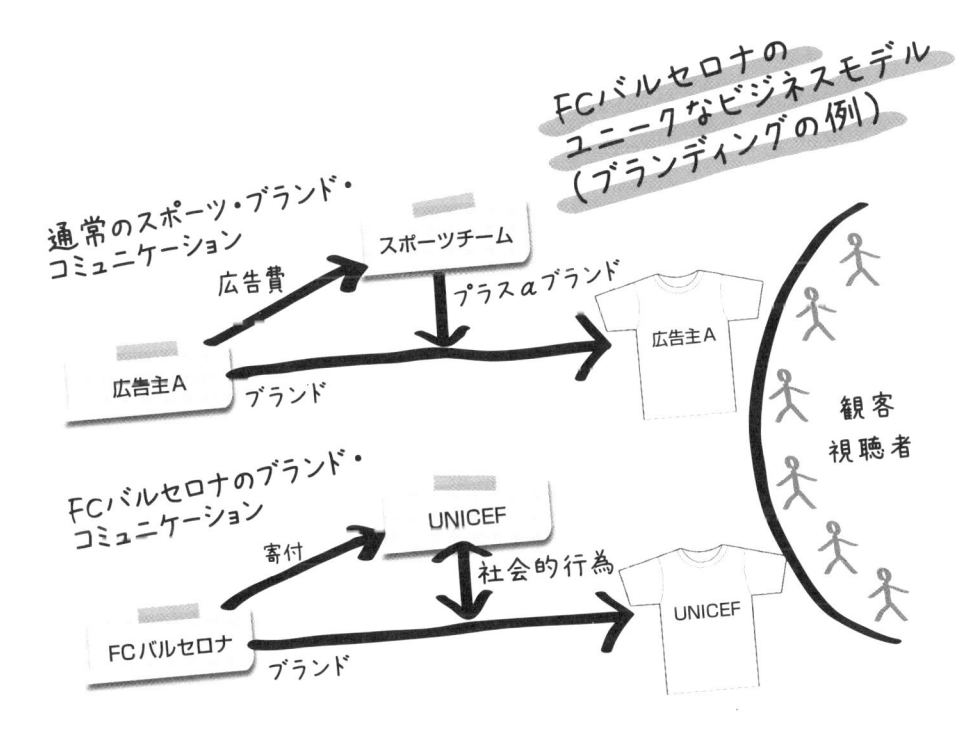

ラブのブランドをフランチャイズすることで地域をまたいだ市場に参入するというモデル、です。

　FCバルセロナは絶えざるイノベーションを標榜しています。たとえば、通常ユニフォームには広告スポンサーのロゴをつけて収入源とするのですが（広告モデル）、彼らは逆転の発想をして、ユニセフに寄付金を支払って自分たちのユニフォームにユニセフのロゴをつけ、社会的貢献を行う世界のために活動するクラブあるいはソシオ（支援組織）であるというアピールを行い、強いブランドを形成しました。

【ノンフリル（引き算）のビジネスモデル】

　ビジネスモデルのユニークさでは、サウスウェスト航空やライアンエア（ライアン航空）などの格安航空サービス（LCC：Low Cost Carrier）が有名です。しかし、格安プライスなど表層だけを見てはなりません。実はもともと航空業界は最も利益の出ない業界のひとつです。サービス業とはいえ、彼らはハードな機材（つまり航空機）を持たなければ事業を広げられないという大きな制約を持ち、かつエネルギー価格の激変に翻弄されるという事業環境にあるからです。逆に、だからこそ、これまで多くの制度や利権にも恵まれてきました。そういった中で、必然的にビジネスモデルのイノベーションが生まれてきます。

　サウスウェスト航空と従来の航空会社との差異は低価格運賃というだけでなく、米国内線に市場を絞り、機体は一種（ボーイング737）でコストを下げ、通常の「ハブ・アンド・スポーク型」とは異なる「ポイント・トゥ・ポイント型」ビジネスモデル（ハブではなく比較的短距離の都市同士を無駄なく結ぶ）を採用しているという点にあります。また従業員の創造性を高め、航空機の地上滞在時間を最少化して稼働率を高めるための知識イノベーション活動を絶やさず、「乗客に空の旅を楽しんでもらう」ことを従業員に推奨しています。サウスウェストは格安ですが地方間移動のニーズを持つ顧客に低価格でサービスを提供し、結果的に満足度を高めています。

もう一方のライアンエアは欧州路線をベースにした「ノンフリル」といわれるビジネスモデルで、徹底的に無駄の削減を行うことで成長した異色の航空サービスです。格安運賃会社のなかでは欧州１位。機体はサウスウェスト航空と同じくボーイング737。「ノンフリル」の機内サービス（ビジネスクラスなし、機内食なし）や地上サービス（インターネットによる航空券予約中心）に加えて、さまざまな追加料金が収益の源泉となっています。機内サービスやトイレは有料、機内広告収入（電車のような交通広告）などです。最近同社は座席に座らない「立ち乗り」サービスを検討しています。

しかし同社のビジネスモデルの最大の特徴は従来とはまったく異なる空港との関係にあります。まず使用コストを抑えられる大都市郊外のセカンダリー空港（secondary airport）を多用。各空港には空港使用料および着陸料の大幅な割引や補助金の拠出、利用促進キャンペーンの実施を求める。背後には地方空港に乗客数を確保するというバーターがあるのです。そのため運賃も空席が多いときには大幅値引きをして乗客数を確保する。つまり、ライアンエアは地方空港に乗客を輸送するためのビジネスとも見えなくありません。究極は無料でという可能性もあるでしょう。しかし当然のことながら、価格以外の顧客満足度は低い。

【ビジネスモデルのパターンを組み合わせる】

シルク・ドゥ・ソレイユはライアンエアと異なってきわめて高い顧客満足度を得ていると思われますが、ビジネスモデルには共通点があります。彼らは「サーカス（シルク）」と謳ってはいますが、実際は大道芸がルーツです（168ページ　Note参照）。シルク・ドゥ・ソレイユは、ビジネスモデルの観点からみると、通常のサーカスに比べて客引きの目玉となるタレントや動物は使わない、飲食販売はしないといった「ノンフリル」なのです。そして代わりに、オペラのような人間による「アート」をプロデュースし、結果的に大道芸の才能（企業能力）を用いて価値を提供しているのです。

このようにビジネスモデルは特定の業種に限定されることなく、さまざま

な適用の可能性を持っています。顧客をスペクタクルなイベントで魅了しようというサービス提供者としては、シルク・ドゥ・ソレイユもFCバルセロナも共通しています。両者とも同じように演技者や選手を勇気づけ、その才能を引き出そうとするという意味で、PSF（プロフェッショナル・サービス・ファーム）に通じるビジネスモデルなのです。サービスにおいてビジネスモデルは経営の核心であり、それはいくつかのビジネスモデルのコンセプトあるいはパターンの組み合わせによってデザインされるのです。

ビジネスモデルの研究者であるオスターワルダーらはビジネスモデルのパターンとして次の5つを挙げています。いずれもこれまで知られているものを集約したものです。

1. **アンバンドリング**（バリューチェーンの「分解」モデル——顧客関係、製品イノベーション、インフラ事業：例～プライベート・バンキング、携帯電話サービス。John HagelとMarc Singerが提唱した）
2. **ロングテール**（多くのニッチ製品の提供モデル：例～電子印刷、レゴなど。Chris Andersonが提唱した）
3. **マルチ・プラットフォーム**（ひとつのプラットフォーム上で複数顧客セグメントを関係させるモデル：例～グーグル。Andrei Hagiuらが提唱した）
4. **「フリー」モデル**（特定セグメントに無料で何かを提供することをもとに他のビジネスや顧客を関係づけるモデル：例～広告、スカイプなどのコミュニケーション・サービス。これもまたChris Andersonが提唱した）
5. **オープン・ビジネスモデル**（外部パートナーとの協業による内外資源の関係性を活用したモデル：例～P&G、イノセンティブ。Henry Chesbroughが提唱した）

関係性のデザインがカギ

いずれも、モノ、情報、カネをうまく動かして利益を生むという（ビジネスモデル第1世代の）発想ではなく、いかに顧客価値（それが激安などの

ニーズであっても）を実現するか、顧客のニーズや思いをインプットしていかにそれを具体化するためのデザイン・プロセスを構築するか、そしてそのための能力や資産などのリソースやパートナーをどのように関連づけるかという、知識デザインの実践なのです。そしてほとんどすべてはいかに関係性をデザインするかということにつきるのです。

　たとえば、ルクセンブルクに拠点を置くSkype Technologies社が提供している「無料」のインターネット電話サービスSkype（スカイプ）のビジネスモデルは関係性のデザインの典型ではないでしょうか。P2P（電話回線を通さずPC同士を直接つなぐ）技術によって、インターネットにアクセスできるユーザーなら誰でも、簡易なソフトをインストールするだけでマイクとスピーカーを通じて世界中の他のユーザーと無料で話ができます。これだけなら何も収入がありませんが、実はSkypeの収入源は、パソコンやスマートフォンから通常の電話や携帯電話へのアクセス・サービスSkypeOut（スカイプアウト）や、Skype利用者に電話のIDを発行するサービスなのです。最大の特徴は同社がユーザーに無料を謳っている点です。ユーザーは無料サービスを目的に会員登録するのですが、参加したユーザー（PC）が多ければ多いほど、電話回線を経ずに繋がるネットワークは拡大するのです。そしてお金を払うのはインターネットの外と通話するとき。つまり、Skypeはユーザーを「ネットワーク資産」として転換して活用している。そのようにユーザーとの関係性をデザインしているのです。

　「関係性をデザインする」とはどのようなことでしょうか。かつてはデザインといえば、何をつくるか、デザインするかは条件として与えられていて、それに従ってデザイン作業を進めていけばよかった。これはモノの時代のデザインといえるかもしれません。しかし、現在のように複雑な環境に社会や経営、生活が置かれているとき、そもそも何をデザインするのかということを、他の要素との関係性のなかで発見していくようなデザインが求められるようになりました。また、要素間をどのように関係づけるかもデザインの対象となったといっていいでしょう。

性質の異なる要素（たとえばハード、ソフト、システム、サービスなど、あるいはモノと記号と人間の気持ちなど）を一貫した経験やプロセス、フローに関係づけていく「編集的関係性」のデザインもあるでしょう。あるいはシステム的に「因果関係」で関係性をデザインしていく方法もあるでしょう。これらは全体と部分の関係、環境と自己との関係を相互に見ながら、視点を変えつつ、構造やつながりをつけていく作業です。あるいは、全体の構造と、個々の「パワー関係」のデザインという方法もある。こういった、関係性のデザインこそ、ビジネスモデルの創出には不可欠な思考なのです。

　これらの関係性は固定的ではありません。とくにサービスのイノベーションは、市場化の過程で、非連続的革新として起きていきます（「わらしべ長者」のように）。サービス・ビジネスはイノベーション・サイクルを繰り返すのが宿命なのです。

顧客価値、価値提供のためのダイナミックなモデル

　あらためて、ビジネスモデルとは何か、どのように定義したらよいかを考えましょう。

　「オープン・ビジネスモデル」を提唱するチェスブロウによれば、ビジネスモデルとは「アイデアやテクノロジーを経済的な結果に結びつけるための枠組み」であり、「価値の創成（新しい価値の源泉となる製品やサービスを生み出す）」と「価値の収穫（価値の一部をビジネスモデルを構築した企業に提供する）」を担う。そして次のような6つの機能を提供するといいます。①価値提案の明確化、②市場セグメントの識別、③価値連鎖の定義、④コスト構造と潜在的利益の評価、⑤バリューシステム（エコシステム）の記述、⑥競合戦略の明確化。

　後述するビジネスモデル・ワークショップを運営するオスターワルダー（2004）は次のように定義しています。

　「ビジネスモデルとは、いくつかの要素とそれらの関係性から成る概念的道具で、企業に収益をもたらすロジックを示すものである。ビジネスモデル

が記述するのは、企業がひとつまたは複数の顧客セグメントに提供する価値、企業のアーキテクチャ、パートナーとのネットワークである。これらがその価値と関係的資本を創造し、マーケティングし、顧客に提供することで、収益性のある持続的な収入の流れを生み出すのである。」

　ビジネスモデルはまさにデザインの対象だといえます。まず顧客価値実現のためのプロセスあるいは価値生産システムであること。さらに、ダイナミックな進化の余地を持つこと。ビジネスモデルは単なる枠組みやロジックではなく、顧客と企業の持続的な相互作用プロセスです。次なる革新への余地を常に生み出していくものです。**持続的な顧客価値と収益を実現するための、諸資産のダイナミックな関係性**なのです。

　その起点となるのは特定の顧客セグメントの顧客価値命題（Customer Value Proposition）です。それは、本質的なもので、たとえば次のようなものです。VIZIOのような家電製品なら「価値あるものを安く（価格＋品質＋デザイン）」。自動車ならBMWは「究極のドライビング・マシン "the ultimate driving machine"」など、モノに関わる言葉で示されるでしょう。また、サービスであれば、銀行の顧客価値命題は「財務的力強さ」などと表現されるでしょう。サーカスのビジネスモデル革新をしたシルク・ドゥ・ソレイユの顧客価値はそのCEOが「観客に夢を見続けてもらうこと」と表すかもしれません。

ビジネスモデル・デザインのワークショップ

　オスターワルダーのチームが提供する「ビジネスモデル・キャンバス」は顧客と顧客価値を起点にしてビジネスモデルをデザインするために有効なので紹介したいと思います。ビジネスモデル創出の枠組みが4つの領域と9つの要素で示されています（次ページ：図）。ワークショップではこれをベースにしたツール（ビジネスモデル・キャンバス）を用いてビジネスモデルをデザインしていきます。ポイントになるのは、顧客価値命題、顧客セグメント、組織能力です。

【経営基盤】
＊主な組織能力……
　　わが社の事業（ビジネスモデル）を
　　具現化するための基本的能力とは何か？
＊主な企業活動……
　　価値提供のための源泉となるような
　　企業活動は何か？
＊パートナーとの関係……
　　他社のネットワークなど鍵となる
　　パートナーシップは何か？

【製品・サービス】
＊顧客価値……顧客にとっての
　　　　　　　根本的価値とは何か？

経営基盤
　パートナーとの関係
　カギとなる資源
　カギとなる企業活動

製品・サービス
　顧客価値

コスト構造　　財務的側面

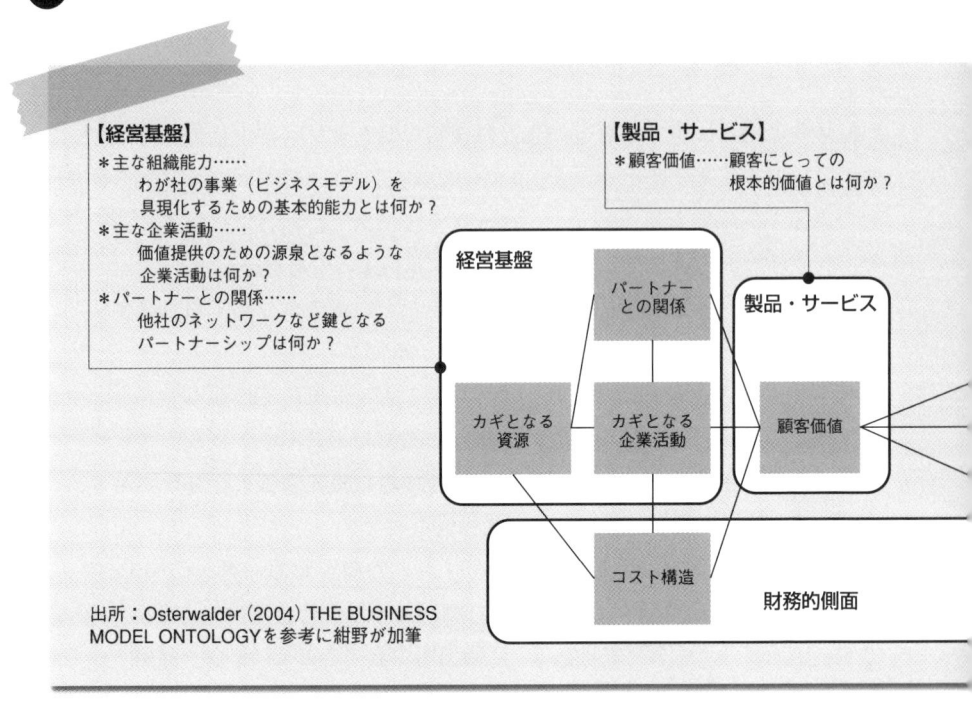

出所：Osterwalder（2004）THE BUSINESS MODEL ONTOLOGYを参考に紺野が加筆

進化するビジネスモデルのデザイン

　ビジネスモデルのデザインは机上の産物であってはなりません。ビジネスを構成するさまざまな要素を現場での観察や対話から導いていく必要があります。後述する「経験デザイン」的なアプローチはそういった意味で重要だと思われます。

　ビジネスモデル・キャンバスのような、ビジネスモデルの全体像をデザインする枠組みは大変有用です。ただし、念頭に置かねばならないのは、ビジネスモデルが、分析的・演繹的に最初から決められてしまうものではないということです。実際のビジネスモデルのデザインは、常に状況に対して柔軟で機動的で、進化するものでなければならないのです。

　たとえば、iPodの場合なども最初から「美しい」ビジネスモデルがあったわけではありません。最初はiTunesという音楽再生ソフトが発端でした。これがアップルのパソコンiMacに標準装備されました。しかしここで

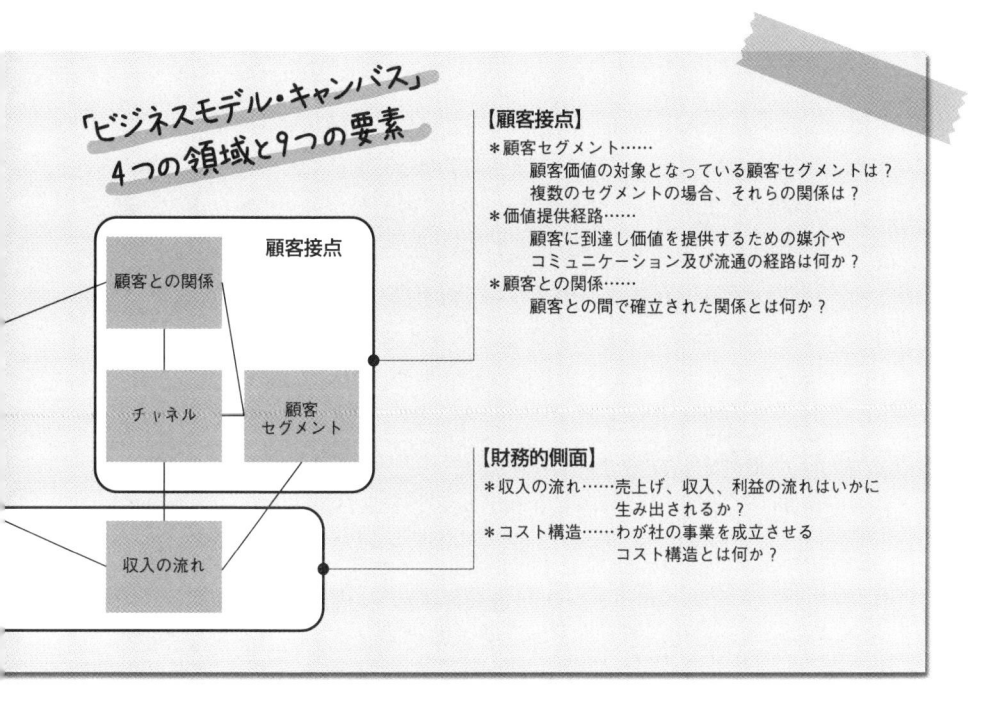

「ビジネスモデル・キャンバス」4つの領域と9つの要素

【顧客接点】
* 顧客セグメント……
　　顧客価値の対象となっている顧客セグメントは？
　　複数のセグメントの場合、それらの関係は？
* 価値提供経路……
　　顧客に到達し価値を提供するための媒介や
　　コミュニケーション及び流通の経路は何か？
* 顧客との関係……
　　顧客との間で確立された関係とは何か？

顧客接点
- 顧客との関係
- チャネル
- 顧客セグメント
- 収入の流れ

【財務的側面】
* 収入の流れ……売上げ、収入、利益の流れはいかに生み出されるか？
* コスト構造……わが社の事業を成立させるコスト構造とは何か？

　それほど広がったわけではないのです。次に、iTunesを搭載した音楽プレーヤーのiPodが導入されました。これはソニーの「ウォークマン」の支配していた世界でした。次に、ウォークマンが入ってこられなかったiTunes Music Storeというサービスが登場しました（ソニーは音楽産業に深く入り込んでおり、CD以外の音楽コンテンツ流通というジャンルには躊躇していた）。こうしてiTunes（ソフト）、iPod（ハード）、iTunes Music Store（サービス）が三位一体となって、ブレークするきっかけとなったのです。

　JR東日本のSuicaについても、「偶然」Suicaの導入によってエキナカ・ビジネスが生まれたといって評されました。しかし、最初からビジネスモデルを綺麗にデザインしようと思ってはいけないのです。事業環境の変化、事業の文脈によってその方向性はダイナミックに変わるからです。必要なのは常にデザインを意識し続けることです。

　たとえば日本企業の弱みとしてハード、ビジネスモデル、経営の統合が

できないことが指摘され、これらが一体化しなければならないと主張されています。しかし現実はそううまくはいきません。最初からやろうとするとハードルが高すぎます。いくつものシナリオを持ちながら、状況に応じてビジネスモデルを進化させていかねばならないのです。

　ビジネスモデルは顧客との相互作用で進化していくことが本質なのです。逆に、大手企業の場合、ある事業部のビジネスモデルが成功した際に、そのビジネスモデルをベースに事業計画ができてしまうと、それで身動きできなくなることが懸念されます。

　インドの携帯電話充電サービスのエピソードがよく知られています。電気のない村で、携帯電話が売られはじめた。人々は村の広場の一角に新しくできた、有料充電サービス・スポットにやってきます。しかし、それだけではユーザーは広がりません。次に事業者は充電を無料にしました。この場所にセルラーの広告をすることで、広告費で電気代をまかなった方がユーザーも広がるというわけです。さらに次の段階に進みました。ユーザーがここに集まって無料で充電するだけでなく、無料の無線ネット・アクセスを提供して、アプリケーションの販売を行うようになったのです。

シルク・ドゥ・ソレイユのビジネスモデル

　「太陽のサーカス」を意味するシルク・ドゥ・ソレイユ（Cirque du Soleil）は、カナダを拠点にラスベガスなど世界中で活動しているサーカス集団である。彼らのビジネスモデルをあらためて見てみよう。シルク・ドゥ・ソレイユは、従来のサーカスを「アンバンドリング」し、独自のプラットフォームを構築した例だろう。

　【顧客と顧客価値】彼らの顧客価値命題は「聴衆に夢を見続けてもらうこ

と」である。シルク・ドゥ・ソレイユにとって最も重要なのは「社会的芸術」の理念である。大道芸人だったCEOのギー・ラリベルテは、世界中で人々を楽しませ、自らも楽しむことで創造的に生きるという「夢」を持ち、若い仲間達と1984年にシルク・ドゥ・ソレイユを企業として設立した。彼らは大道芸から出発し、ストリート・パフォーマンスを通じて社会に貢献すること、とくにストリート・チルドレンの救済を目指し、若いアーティストを組織化していった。したがって、彼らのサーカスは顧客に価値を提供するチャネルである。

　彼らの主要顧客は従来のサーカス・ファンではなく、芸術的なショーを楽しむオペラファンや演劇ファンである。ショーは、人間が主役であり、動物や危険を見世物にする芸は行わない。火喰い芸、軽業、ジャグリングなどの大道芸の要素、空中ブランコ、綱渡り、道化などのサーカスの要素、そしてオペラ、ロックを加えたショーは、創造的で祝祭的であり、多くのファンを魅了している。

【財務的側面】 通常のサーカスでは入場料以外に飲食の販売が大きなウェイトをしめるが、彼らは観客席で菓子類も販売しない。入場料が主である。しかし企業としてのシルク・ドゥ・ソレイユは、ショーによる収入やメディア収入など多彩な収入源、および企業や団体からの寄付をもとにしている。NPOであるオックスファム・インターナショナルと提携するなど、NPOと企業の双方の性格を有している。

【経営基盤】 彼らの基本能力はアートである。それを世界の都市のエンターテインメントとして提供する。彼らは、都市地域の文化的再生や活性化に積極的に協力し、活動の幅を拡げていった。このサーカス集団には古典的なサーカスの暗さはなく、パフォーマーは芸術家としての自負にあふれているようである。彼らには文化的環境の支援、芸術のコミュニティへの統合、芸術の従業員の生活への統合といったポリシーがある。

5.3 ビジネスモデルを成立させる社会的知識資産

知識資本と自然資本

　これまでのビジネスモデル（第1世代）には、ビジネスを成立させるために不可欠な、隠れた資源や能力に目を向けることはありませんでした。しかし、21世紀になって、知識社会やサステナビリティが重視されるようになって、ビジネスモデルにおいてもこういった要素を配慮せざるを得なくなりました。

　資本には本来、工業的資本（物理資本）、金融資本、人的資本、自然資本、それに加え知識資本（社会や文化のもつ知的蓄積や能力、社会的システム）があります。これらは生産的利用と再投資から成り立っています。しかし、これまで市場主義の資本主義は金融資本を中心にしており、真の意味での「資本主義」とはいえなかったのではないでしょうか。たとえば自身の経済活動がいかに自然資本を消費したかを会計報告で示す企業はほとんどありません。ところが、自然資本は最も重要で、これがなければ経済活動も生命も存在できません。再投資がなく消費され続けているのです。ひたすら金融資本の蓄積に邁進しているのが現代の資本主義の姿です。

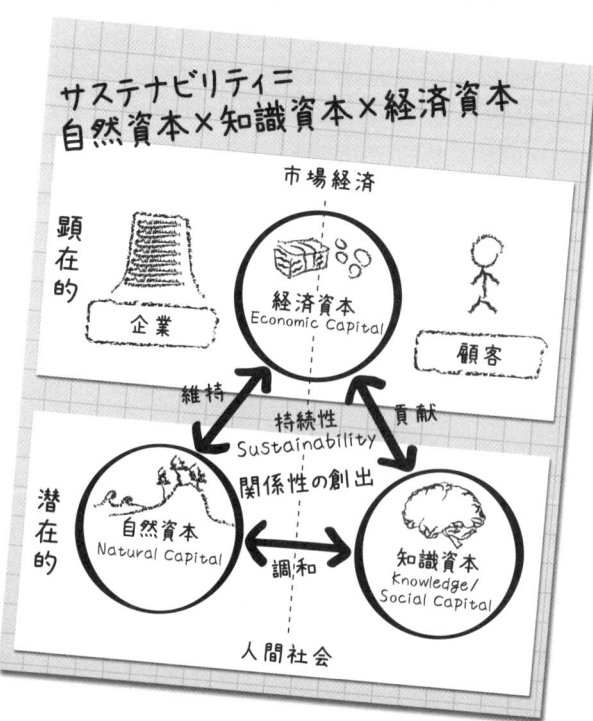

とくにサステナブルなビジネスモデルを考えるにはこういった視点が不可欠となるでしょう。いかに自然資本や知識資本を活用しながらサステナブルな企業と顧客の関係をデザインしていくのか。より深い人間や社会との関わりを前提とするのが第2世代のビジネスモデルといってよいでしょう。

経験デザインの視点

ラスベガスやディズニーランドでは何が顧客価値を生み出しているでしょうか。それは「経験」です。モノではなくて経験。企業の顧客やユーザーがどのような経験をするのか、行動や印象など見えないコトをデザインするという時代に入ってきているのです。

スポーツ・ビジネスもまた最も大きな「コト」(文字通りイベント)のビジネスのひとつです。オリンピック、ワールドカップ、欧州のサッカー・チャンピオンズリーグ、米国のフットボール、野球、バスケットボールなどのビッグイベントがあるのが特徴です。入場料、メディア、スポンサーシップ、マーチャンダイジングなどで相互に関連しつつ市場を形成しています。市場規模、成長率共に大きい。サービス経済の主要産業のひとつとして昨今注目を集めています。しかし、経営学の対象としてはこれまであまり光があたらず、従来同様の管理的な経営の枠組みが適用されるという状態が続いていました。

一方、その収益にばかり関心が向けられていますが、スポーツ・ビジネスの本質は、「経験産業」(experience industry)です。演出される経験的価値を軸に、さまざまなチャネルで価値が具現化されていくのです。スポーツ・ビジネスの価値は、顧客価値を高めるイベントとしてのデザインと、その価値を利益に転換するための多様な資源や資産との関連性のデザインにつきます。たとえばサッカーは、地元ファンの日常の中に定着しチームが勝利するという究極の目的を果たすだけでなく、独自のスタイルでプレーすることが求められます。「スタイル」のデザインがきわめて重要になるのです。根底にあるのはファンやクラブの感じる価値です。それはただ楽しいと

いったものではなく、背後に家族やコミュニティにおけるコミュニケーション、共通感覚の醸成という欲求があることを忘れてはならないのです。

　そういった顧客価値をもとに新たなサービスのイノベーションも起こります。たとえば、自分の好きなサッカー・クラブのブランドでカスタム化されたクレジット・カードは欧州を中心に人気のサービスとなっています。他の地域にも広がり始めています。中国銀聯と中国建設銀行はチャンピオン・サッカー・カードを共同開発しました。2009年以降、欧州のフットボールクラブ、インテル・ミラノ、ACミラン、バルセロナ、レアル・マドリード、リバプールなど、トップ10のうち7チームと協力関係を結びました。カードホルダーは好きなクラブのロゴ、選手をカードの表面に選べます。特典はサッカー観戦、フットボールクラブの見学、選手のサイン入り記念品の贈呈、ギフトポイントの交換などです。2010年までに42万枚を突破し、累計消費額は25億元を超えたといいます。

　これまで日本のデザインはモノが中心でした。モノのデザインはハードなスペックやモノとしての品質、コストが優先します。また価値を高めるには付加価値を、というのが基本的な思考でした。たとえば携帯電話にはさまざまな機能を付加してきました。たとえばワンセグのテレビがついている携帯。これは付加価値的なアプローチでした。

　しかし、そもそも電話をかけるという行為とテレビの視聴、あるいはインターネットとテレビはそれぞれが独立した作業です。そこには一貫した経験はないのです。一方iPhoneなどのスマートフォンでは、アプリケーションがウェブのインターフェースによって一体化されています。メールでYouTubeのアドレスを共有し、あるいはYouTubeで見たものからiPodの音楽購入を一緒にするとか、関連しているのです。経験が一貫してデザインされているのです。従来の携帯などの使いにくい小さなボタン、集約されてしまってわかりづらい機能、小さくなったために能力を削減されたソフトウェア、テキストベースの醜いGUIなど、どれもユーザーの不利益である——しかしユーザーはそれに甘んじて気づかないでいた——そのようにスティーブ・ジ

ョブズは考えたといいます。

　実はiPhoneの前にあったのはiPadのコンセプトでした。ジョブズはタブレットPCのGUIを徹底的に研究させていました。そこで出てきたのがタッチ形式で操作できるパネルでした。このパネルは電話をかけるときにはボタンに、YouTubeなどの映像をみるときには画面に、自在にインターフェースの様相を変えます。これが携帯電話（iPhone）に適用されることになったのでした。

経験のパッケージング

　ビジネスモデルのデザインにおいては、顧客と顧客価値が起点であり、したがってそれが絵に描いた餅ではなく、現場において顧客がいかなる経験をするのかという視点がきわめて重要です。経験がデザインの対象になるのです。これを**経験デザイン（Experience Design®：エクスペリエンス・デザイン）**といいます。

　経験デザインにも多くのバリエーションがありますが、ここでは「経験のパッケージング」といったデザインの観点が有効だと思います（旅行パックという意味ではありません）。ここでは現在のビジネスモデルと新たなビジネスモデルの違いを生み出す顧客の経験は、どのように提供されるのか、を問う必要があります。経験のパッケージングには次の要素があります。

① 時間と経過

　顧客はどのくらいの時間でその経験をするのか。たとえば、ミネラル・ウォーターなら数分で消費するかもしれないが、新エネルギー・ビジネスなら数十年の時間軸で考える必要がある。そして、そこにはどのような過程があるのか？　たとえば、買う → 使う → 捨てる、など。アナハイムのディズニーランドであれば、2泊3日の中で、さまざまなアトラクションがプログラムされるだろう。どれくらいの時間であなたのビジネスは価値を実現できるだろうか？

② **場・核になるモノ**

いかなる経験であっても、そこには何らかのモノが関わる。その核になるのはなんだろうか？　象徴的な建物であるかもしれないし、素晴らしい経験を約束する黄金の鍵かもしれない。

③ **インタラクション**

顧客とサービス提供者はいかなるインタラクションをするのか。それはどのようなものか。高級料亭での板前とのやりとりでおまかせ料理が出てくる、というのも仕組まれたインタラクションのプロセスである。

④ **経験のハイライト**

いかなるサービスでも、その価値を象徴する『真実の瞬間』（これはかつてスカンジナビア航空（SAS）社長のヤン・カールソンが生み出したアイデアだ）（堤猶二訳、ダイヤモンド社、1990年）がある。リッツ・カールトンでの出迎え、能登・加賀屋や京都・俵屋での出迎えはどうだろうか。ディズニーランドでミッキーマウスと出会う瞬間だろうか？

経験のパッケージングの概念

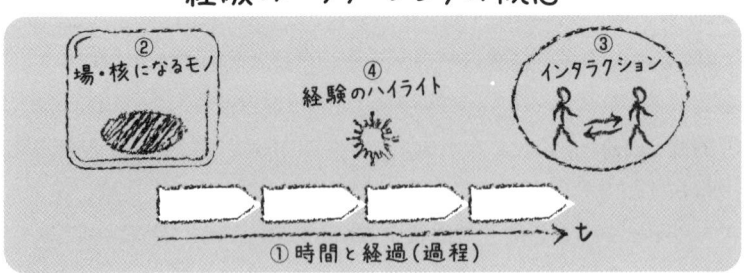

さいごに——

あなたの企業が提供する経験はどのようなものだったか？　顧客に聞いてみよう。

こうした経験デザインの基盤になるのが、社会的・文化的な知や「記憶」という要素です。2004年に10月に開館した金沢21世紀美術館は、従来の地方美術館とはまったく異なる「美術館経験」を与えることで成功したビジネスモデルです。経営不振となることが多かった地方美術館にあって、最後の試みとさえいわれました。従来はいわゆる「ハコもの」行政であり、ハードはつくるがソフトやマーケティング面で弱かったのです。たとえば開館に際して高額な有名作品を購入し、開館直後は集客できても後は来館者が途絶えてしまう。名物を見に行く、というのがそれまでの美術館経験でした。

　こうした反省から、金沢21世紀美術館では高額な作品購入を避け、一定時期以降の現代アートに焦点を定めてコレクションし、かつ持続的企画展示が可能なハードを準備していきました。何より重要なコンセプトはいかにして市民を「たまに来館する」人々から、いかにリピーターにするか、でした。

　金沢21世紀美術館の経験デザインの契機は、美術館愛好者の大きな特徴は子供時代に美術館経験、つまり社会的・文化的な「記憶」を持っているという知見でした。そこで、同美術館は市内の小中学生の無料招待を行い、「もう一回券」を配って、後日今度は家族連れで再来館してもらうという経験のパッケージングを行い、マーケティングを行いました。これによって大きな効果を得ていったのです。

　第1回展は収蔵品展、無料ゾーンの市民ギャラリーで名品展を同時開催し、多くの観客を集めました。結果、開館から1年で地方美術館としては記録的な157万人もの来館者があり、2年弱で250万人を突破したのです。

金沢21世紀美術館・アートライブラリー

chapter 6
シナリオをデザインする
（時間・空間のデザインの方法論）

The Long Now Foundation
70年代伝説の『ホールアースカタログ』の編集者が創った「一万年時計プロトタイプ1」。現在の企業は1万年スパンでものを考えなければいけなくなってきた。

http://www.longnow.org/

6.1 企業の持続性の条件を考える

デザインにおけるシナリオ的アプローチ

　経営におけるデザインの範囲は、イノベーション・プロジェクトでの製品開発のレベルや、ビジネスモデル・デザインなどの事業のレベルだけでなく、そもそもどのような未来への視点をもってイノベーションに挑めばいいのかといった、ビジョンや長期の構想レベルに及ぶものです。この3番目の役割は、経営戦略だけにとどまらず、事業戦略や製品開発の基本的指針にもかかわります。

　本書の最後に挙げるシナリオ的アプローチとは、時間・空間におけるイベントの展開、つまり「ありうる」出来事をデザインすることです。未来を

分析によって予測したり「確実な」要素を絞り込むのでなく、できるだけ多くの可能性あるいは不確実性をインプットすることで戦略やコンセプトに深みを与えたり、イノベーションの領域や事業発展の可能性を描くことが狙いです。

シナリオとはラテン語のscena（舞台、場面）から派生した言葉です。シナリオ・デザインとは**時間軸に沿って場面（空間）が展開する、筋書き（プロット）のデザイン**です。その構成要素は場面転換、意外な意図せざる物語や、驚きをもたらす情景（シーン）にあります。

それは単なる物語りの力ではなく、常識を打破するような「**世界の構想力／制作力**」という意味でのデザインです。ちなみに、いまここでシナリオをデザインとの関わりとして紹介する背景には、未来の時空間をデザインすることの能力を重視して、世界のデザイン・スクールが盛んにシナリオ的アプローチを取り上げているという流れがあります（ヘルシンキのUIAH（芸術デザイン大学）、ミラノのポリテクニコ・デ・ミラノなど）。それは、一体何をデザインしていけばよいのかというコンテクストを見いだし、そのうえでいかなる問題解決、仮説がありえるのかを考えるうえで、シナリオとデザインがぴったりあった関係を持つからです。もちろんシナリオ的能力は、不確実な環境を乗り越えていく企業の持続性の力とも結びついています。

企業の持続性の条件

1980-90年代に栄えてきた企業が21世紀になってからおかしくなる事例は少なくありません。場合によっては破綻してしまうこともある。80 90年代と21世紀以降では経済環境が大きく変わりました。市場や業界の境界が消滅し、思いもよらぬ相手との競争や、環境変化に取り巻かれるようになって、イノベーションや自己革新が企業の能力として求められるようになったのです。

企業の持続性については、おそらく多くの研究者や実務家による共通した見解、コモンセンスがあるように思います。具体的なものとしては『ビジ

ョナリー・カンパニー』の著者、ジェームズ・コリンズの考察です。コリンズは、過去15年間にわたり実績を維持したジレットやフィリップモリスなど11社を「偉大な企業」（多くは地味な企業）として比較し、良好な企業が偉大な企業へと変貌するために必要な条件を明らかにしました。これら持続的な発展を果たした企業や経営者の資質をコリンズは「ハリネズミ」のメタファーで表しています。

> 「ハリネズミ」の概念〜「自分が一番好きで、誰よりも得意で、それが利益につながる仕事をやらなければならない。そしてその一点に集中せねばならない。」
> ジェームズ・コリンズ『ビジョナリー・カンパニー2』

以降、こういった観点から企業の持続性に関するいろいろな研究が行われてきましたが、「基本的な提供価値や顧客をしっかり定めていた企業が持続する」というのは、ひとつのコモンセンスになっているといえます。代表的な例はトヨタではないでしょうか。

ただし、一方でコリンズは企業の凋落や衰退の条件（5段階）も掲げています。

> 第1段階　成功体験から生まれた危機感のなさ
> 第2段階　規律なき規模の追求
> 第3段階　リスクと危うさの否定
> 第4段階　救世主にすがる
> 第5段階　企業の存在価値の消滅へと至る

米国でのリコール問題など一連の事件が起きる前の2009年秋、トヨタ自動車の豊田章男社長は日本記者クラブの講演で、トヨタの現状についてこの5段階のうち、第4段階にあると語りました。豊田社長は過去のトヨタ

の姿勢を、ゴルフのハンディキャップにたとえて「実力は13〜14のハンディキャップなのに、周囲に褒められて、自分はシングルのハンディキャップと勘違いしていた」「トヨタはお客様から遠いところに来てしまった」「車から離れているのは若者ではなく、私たちメーカー側だ」などと指摘しました。そして救世主は自分でなく社員だと言いました。

　たとえ基本的な市場と提供価値を過去に定めていたとしても、時間的推移や環境変化の中で、企業は持続できなくなります。持続性のためには、過去のあり方や価値観（いわば必要条件）とともに、未来において企業が知識創造できる能力や実践が十分条件として求められるでしょう。そして、企業が大きな環境変化を乗り越えて持続的成長をなしえるために、未来において発揮される行動を左右するのは、背後にあるリーダーや組織のメンタルモデルだといえます。

変曲点でのデザイン力

　実は、企業が持続的に伸びている、と感じるのは難しいことではありません。というのは、私たちの日常のほとんどは、昨日と同じ今日、今日と同じ明日からなっているからです。予測レポートのビジネスがなくならないのはそのためでもあります。予測レポートはありえない事態を予言する警告書でなく、今日と同じように明日もくるとするなら、それはこれくらいのものだ、ということを識者や関係者の意見をまとめて提示するのが役割です。80-90年代のような経済安定期には多くの企業が持続的成長を経験しました。しかし、それが2001年以降、変化を迫られるようになったのです。安定成長時代においては、その成長はリーダーの力によるものなのか、外的変化に流されていたのかはわからないとさえいえます。しかしそれが成功体験としてマインドセットを形成している場合もあるでしょう。

　私たちの日常生活における持続性の最大の力は、物理学の法則の教える通り「慣性の法則」です。地球の公転や自転は自発的意志によるものでなくモーメントです。経営の場合でも、おそらくこの法則は十分適用されて

いるのだと思います。しかし、問題となるのはごく一時的に生じる、特異点、あるいは変曲点です（図のa、b、cなどのポイント）。つまり、質的変化が起きたときに、それを乗り越え、知識創造や自己革新（メンタルモデルやマインドセットの革新）できることが、持続性の条件だと考えられます。リーダーの役割はこうした変曲点をいかに乗り越えるか、につきるといえます。

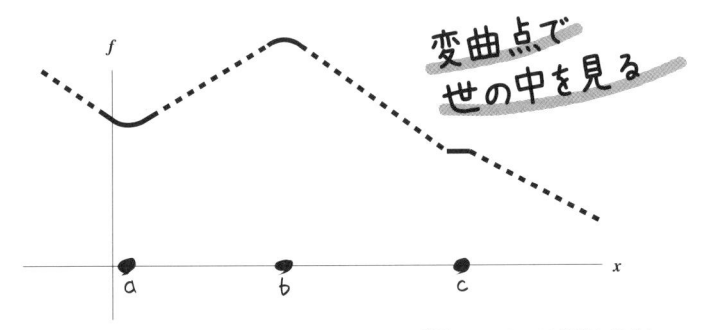

変曲点で世の中を見る

出所：2006年11月MAKING SENSE OF THE FUTURE講演でのJ. Castiの資料に基づく

　技術の波に合わせて、自分自身が変わっていくデザイン、という発想もあるでしょう。これは珍しい例かもしれません。しかし、アップルはもはやかつてのコンピュータ企業ではなくなりました。アップルは事業を広げながらも、常にアップルの「リンゴ」のアイデンティティを維持しています。では何が本業なのでしょうか。本業イコール事業とみていくと変化の波に負けてしまうのです。日本は事業部制を採っている企業が多いのですが、それぞれが「本業」として事業を維持しようとして、同時に互いに市場の変曲点を共有しなければどうなるでしょうか。

　ノキアは昔は長靴や製紙業や通信ケーブルの会社でした。フィンランドという自然条件の厳しい大地で、通信ケーブルを引いていた。しかし、本業をケーブル事業だと思っていれば携帯電話の技術を見ても変化は起きなかったのではないでしょうか。では、ノキアは携帯電話会社なのでしょうか。答えは「ノー」です。彼らはいまインターネットの会社に変わろうとしてい

るのです。持続性の源泉は、変曲点への対応力です。今存在している業界や今の製品、そこから導き出される戦略あるいは、これまでの実績にもとづくコア・コンピタンスだけでは持続性を維持できないかもしれないのです。

　変曲点を乗り越える能力は、技術の「筋」を読むのにも欠かせないでしょう。技術には「山」や「谷」があります。山に登る裾野の時期ではまだ市場ができてないので、時間もコストもかかる。しかし、その中でこれから伸びる、筋のいい技術を読み取れれば、その発展に沿ってコストをあまりかけずに活用できるでしょう。逆に「谷」の時期に入ってしまった技術には、ユニークな楽しめる要素を与える、などの工夫が必要になります。

運命をデザインする

　変曲点を乗り越えるには、未来の出来事に対して「備える」「構える」のでなく、機動的かつ柔軟に自分自身の考え、つまりマインドセットを変えていく、自覚的な変化機能を組織やリーダーシップの能力として身につけておくべきだといえます。

　しかし、そこには同時に運命の女神が潜んでいます。ドイツのルネサンス期の画家アルブレヒト・デューラーは運命の女神「フォルトゥナ」の不安定さや気ままさを、伝統的に「運命の輪」として描かれていた車輪ではなく球体に乗った姿で表現しました。変曲点のメタファーといってもいいでしょう。こうした運命の問題を経営あるいは政治哲学に導入したのは、イタリア・ルネサンスの激動期を生きたマキャベリでした。

運命の女神フォルトゥナ
Fortuna, Albrecht Dürer（1502）

> 「かりに運命が人間活動の半分を、思いのままに裁定しえたとしても、もう半分は私たちの自由意志にまかせられている。」
> 「とりわけ現代は、人間の思惑のまったくはずれる世相の激変を、日夜、見せつけられているから、(宿命に身を任せるという)この見解はいっそう受け入れやすい……しかしながら、私たち人間の自由意志は奪われてはならない……運命は変化するものである。人が自己流のやり方にこだわれば、運命と人の行き方が合致する場合は成功するが、しない場合は、不幸な目を見る。……人は、慎重であるよりは、むしろ果断にすすむほうがよい。なぜなら、運命は女神だから、彼女を征服しようとすれば、打ちのめし、突き飛ばす必要がある。運命は、冷静な行き方をする人より、こんな人の言いなりになってくれる。」
>
> マキャベリ (1469-1527)『君主論』第25章

　マキャベリは、通念とは裏腹にマキャベリストではなく、外交や軍事の実務的専門家でした。マキャベリの示唆は、運命が半分、力量が半分です。力強い能力をもって運命を御していかねばならない。ただ意志がなければ流されてしまう。自分自身を定めすぎている場合、つまり決定論的であれば、環境変化に合わずに敗北する。重要なのは非決定論的であること、つまり、運命を越える意志や力を秘めつつ、運命の可能性について柔軟に生きる、ということです。そして、若者の無鉄砲さというたとえでフォルトゥナとのつきあい方を教えてくれています。

　持続性の要素の多くは、過去のあり方や価値観にも依存しますが、現実には、未来において企業が知識創造できる能力や実践、変化自体の質的変化が起きたときにそれを乗り越えて知識創造や自己革新(メンタルモデルやマインドセットの革新)ができることが持続性を維持できる条件です。

> 「自分が死と隣り合わせにあることを忘れずに思うこと。これは私がこれまで人生を左右する重大な選択を迫られた時には常に、決断を下す最も大きな手掛かりとなってくれました。何故なら、ありとあらゆる物事はほとんど全て……外部からの期待の全て、己のプライドの全て、屈辱や挫折に対する恐怖の全て……こういったものは我々が死んだ瞬間に全て、きれいサッパリ消え去っていく以外ないものだからです。そして後に残されるのは本当に大事なことだけ。自分もいつかは死ぬ。そのことを思い起こせば自分が何か失ってしまうんじゃないかという思考の落とし穴は回避できるし、これは私の知る限り最善の防御策です。
> 　君たちはもう素っ裸なんです。自分の心の赴くまま生きてならない理由など、何一つない。」
> 　（S・ジョブズ　スタンフォード大学卒業祝賀スピーチ　市村佐登美 訳）

　運命を越えていく力を発揮した経営者でジョブズほど当てはまる人はいないでしょう。そのメンタルモデルは、20世紀ドイツの哲学者マルティン・ハイデッガーの哲学にきわめて近いものです。ハイデッガーは『存在と時間』（1927年初版、細谷貞雄訳、ちくま学芸文庫、1994年）でこんなことを言っています。私たちは「技術的、道具的な環境世界のうちで自己を失って単なる「ひと」（das Man）として生きている非本来的な実存としての人間：過去を忘却し、未来を予期しながら、分散的に現在に生きる人間」である。一方、本来的実存とは「不安や死の自覚を介して、過去からの自己を取り戻し、未来へと先駆しながら、瞬間としての現在において決意的に生きる実存としての人間」である。

　つまり、持続する企業や経営者のメンタルモデルは、ただこれまで持続してきたことにあぐらをかくのでなく、「いつ死んでもおかしくない」という自覚を持ち、過去のなかでの自らと、未来に向かうビジョンをもって決意的に生きる、ということなのです。

シナリオ思考の哲学

シナリオ思考の哲学には少なくとも下記の3つがあります。

(1) 予測はあたらないものである。したがって予測するのでなく、可能な限り異なる世界を描き、それをもとに思考しなければならない。それはバックキャスティング（backcasting：未来から描く）あるいはレトロスペクティブ（逆向き）な思考である。

　こうした考え方の対極にあるのは未来を予測する方法としてよく知られているデルファイ法です。デルファイ法は、専門家や経験者の知見を集約し収束させるための手法ですが、専門家の知見を絞り込んでいけば究極の応え、予測が可能と考えます。方法論としては一元的です。一方現実は多元的な不確実性が支配しているのです。

(2) 「もし……だとしたら？（what-if）」は、シナリオ思考の「マントラ」（呪文）である。もし、あるユーザーがある商品をまったく別の用途で使い始めたら？　もし、税制が変わったら？　もし異業種企業が市場に参入してきたら？　などといった問いを常に発することである。

(3) 世界制作。未来はしばしば「驚き（surprise）」を持った形で出現する。歴史が教えるように世界はしばしば意図せざる展開をする。それはちょうど演劇や映画のようである（ゆえにシナリオ、脚本なのである）。ただしこういった驚きは必ずしも無作為に起きるのでなく、背後の深い要因（deep cause）がさまざまに折り重なって起きる。したがって、いかにそれらの要因を洞察するかがカギである。

そしてこれらの目指すところは「マインドセットを革新すること」です。そこには歴史的視座も重要です。

ストラ・エンソの新しいマインドセット

　ストラ・エンソ（Stora Enso）は世界最古の株式会社であり、ヘルシンキに本社を置く製紙業者、木材販売業です（2008年売上高約135億ドルで欧州1位、世界第3位）。ストラ・エンソはストラ銅山とエンソというパルプ産業が20世紀末に合併してできたのですが、母体のストラは13世紀末創業です。その後、17-18世紀には製紙業が立ち上がりました。そして3世紀にわたる銅山企業ではなくなった。また20世紀を通じては、森林産業や製紙産業は長きにわたり衰退産業でした。

　しかし再び彼らが、新たなマインドセットを持ち、豊かな自然資本に目覚めたのは21世紀です。知の伝承と革新がこの企業の未来を産み出したのです。彼らはまったく新しい世界を自ら構想したのです。下記はCEOクラエス・ダールバックによる株主への挨拶です。

> 親愛なる株主、ご列席の皆様！
> ストラ・エンソの2010年度年次総会に皆さまをお迎えできることは名誉であり喜びです。古の知恵はこう言っていました。かつて森林産業と呼ばれていたものは過去の遺物だ。それは付加価値が低く、いずれ石油産業と情報技術、ペーパーレスオフィスによってじわじわ首を締められるのだ、と。
> これはそんな昔のことではありませんでした。
> しかし、今日我々はもっとよく知っているのです。森林は二酸化炭素を吸収します。木から創られた製品は二酸化炭素を蓄積するかリサイクル可能です。ファイバー製品やそれらを産み出す産業は気候変動危機の時代に地球の生き残りを助けているのです。
> かつて森林業であり、いまや紙やパッケージ産業となっているものは、未来に属しているのです。
> 我々は、まだ、革新的ファイバー製品が解決できる、石油製品から排出される二酸化炭素を代替する基本的ニーズのごく表面を引っ掻いているにしかすぎません。
> ストラ・エンソは、確固たる長期的基盤を持つ産業であります。

6.2「一元的」世界観の落とし穴

マインドセットのリスク

　企業も個人と同じくマインドセット（思考様式）を持っています。それは企業のビジョン、経営スタイル、歴史、戦略、組織的経験、製品やサービス、市場特性などによって形成され、深く身体化されています。フランスの社会学者ピエール・ブルデューのいうハビトゥス（身体的に獲得された私たちの思考や行動のパターン、癖、好み）の概念に近いものとも考えられるでしょう。

　マインドセットは組織文化やアイデンティティとして共有されています。組織として活動するのに欠かせません。それは多様な前提や方法の「束」で、それらに従って行動することによって成果を生み、評価もされるからです。しかし、それは同時にバイアスでもあります。複雑化、不確実化する環境では、マインドセットへの囚われが予想外の事態を企業にもたらすことがあります。一夜にして巨大企業が破綻し、安定成長から突然危機に陥る。他を凌ぐ成長モデルを持ち合わせた優良企業が突如挫折してしまう。多くの場合の共通項は、彼らが単一の世界観（シングル・マインドセット、単眼思考）に基づいてしか行動していなかったということなのです。

　マインドセットの革新がいかに重要か。とかく人は従来のマインドセットにとらわれて新たな機会（イノベーションの機会）を逸してしまうことが多いのではないかと思います。

　あの有名な1世の息子で自身も有能な経営者といわれたヘンリー・フォード2世は、オイルショックのあった1970年代、米国市場での経済的な小型車（つまり日本車やドイツ車）の台頭というシナリオを聞かされ次のように言い放ちました。

　「アラブの連中はいなくなるさ……アメリカ人は日本車なんか買うもんか」（強調して）「もし彼らが欲しがればおれたちだって作るさ。でもアメリカ人

は欲しがらないんだ」(SRI社資料'A Heritage of Innovation')。つまり石油価格は大きく上がらないし、日本車は好まれることがないと信じていた。

その後フォードは小型車をラインアップしていなかったことによる壊滅的損失を被り、日本企業はその間、実質的な米国市場進出を果たしました。思い込み(バイアス)の罠です。

固定的なマインドセットの下では、新たな価値の創造など適いません。おおいに常識を疑わねばならないのです。

- 将来の事業計画を立てる際に第三者の調査機関が公表した市場予測(つまり業界常識)を鵜呑みにしていないだろうか? 自分の目で変化を見ているだろうか?
- イノベーションの重要性が盛んに叫ばれている——日本では国を挙げてのモノづくり、イノベーションといっているが、イノベーションとは顧客や社会のためのものであって、国家や企業の利益が目的ではない。何かプロダクト・アウト的な、時代錯誤的なものを感じないだろうか?
- 日本企業は高付加価値(プレミアム)製品を作り、その優れた技術や品質をもとにコモディティ化によって新興地域のボリューム市場を狙おうとしているが、この(上から目線の)ロジックは本当だろうか?
- いまや工業社会を築いたデトロイトの巨大製造業がその座を降りようとしている(彼らこそ20世紀の大恐慌時に新たなマインドセットを持っていたのだが)。まさに恐竜後の哺乳類の登場を思わせるが、日本企業はその運命を避けることができるのだろうか? 等々。

また、組織にはいくつもの疑われることのない「公式見解(オフィシャル・ステートメント)」が存在

します。たとえば「私たちは元来〇〇〇の会社である」「私たちはその市場には参入しない」——これらが囚われとなる場合があります。アップルは、もはやコンピュータが収益の主軸でないことに気づき、社名から「コンピュータ」を取り去りました。iMacの時代まで競争相手はIBMやウィンテルPCだった。iPodの時代には「ウォークマン」だった。iPhoneの時代には携帯電話会社と競争することになりましたが、いずれも先行して自らの姿を変えて市場を創造していったのです。パナソニックは中村邦夫会長（当時社長）によるいわゆる「中村改革」において創業者（松下幸之助）の経営理念以外すべて破壊してよし、をスローガンに活動を開始しました。

ロイヤル・ダッチ・シェルがかつてシナリオ・プランニングで大成功を収めたのは、第1次オイルショック後に石油価格が高騰し、業界全体が「石油価格はいくら上昇するかが重要」とだけ思い込んでいることに対し、異なるシナリオ（冷戦終結と石油価格下落）によって活動していたことにありました。世界は多くのマインドセットで拘束されているのです。

これらに対して、シナリオは「何か」を予測するのでなく、いかに新しい観点を得るかがカギです。未来に備える（精緻にシナリオを描く）ことではなく、マインドセットの革新です。

重要なのは、世の中が信じて疑わないような常識を打ち破って、未来を創造すること。世界を制作するという信念に基づく、可能主義（possibilism）です。ラジオに向かないと断定されたトランジスタをラジオやテレビに活用していったかつての井深大と当時のソニーはその一例でしょう。日本企業にはこのような可能主義が多くみられました。9割方が賛成したら、新事業や商品は失敗する、というのはかつての企業人の知恵だったのですが、何でも論理的に見せよう、伝えようという昨今の効率主義・「わかりやすさ志向」のために多くが失われてしまいました。

日本企業は不確実性を許容できるか

一方、変革期には、多くの可能性が噴出します。従来の市場や業界の壁

を超えたイノベーションや、企業間の連携によるビジネスモデルの可能性が生まれます。未来は予測不能です。世界は多様に展開されえると考える「可能主義的マインドセット」が、従来の分析的な決定論的経営に代わる時代がやってきています。

それは新しい地図（海図）を持つことでもあります。つまりこれまで「なかったこと」を発見する過程が重要です。それは「見える化」（見えないだけですでにあったことを視覚化すること）ではありません。シナリオ的アプローチは常識を疑い、創造的な発見、いままでに存在していない何かを取り出す過程なのです。

以下には異論があるかもしれません。オランダの文化的多様性の研究者ホフステードの『多文化世界』によれば、日本は世界の国々の中でももっとも「不確実性回避型」文化の国とみなされています。たとえば数多くの法や規制、規則が守れないのは自分のせいだと考える性向、市民は政治に対して無力、保守主義、ナショナリズム、専門家が信頼される、寛容でない価値観、などの指標です。この対極は「不確実性許容」文化であり、華僑国であるシンガポールや、北欧諸国がこれに当てはまっています。より最近の米国ペッパーダイン大学の調査（Graziadio Business Report, vol. 10. 3, 2007）でも日本の「不確実性を回避しようとする傾向」はロシアに次いで高い。「構え」「備え」の文化であるといってよいのです。これは日本のダイバーシティの低さとおおいに関係しています。女性や外国人の登用、こういった指標がきわめて低いのです。実はホフステードの研究では、日本は世界でもっとも「男性的」文化の国でもあります。これが急に変化を好む国になるとは考えにくい。しかし、そういった傾向を持っていることを自覚しておくべきことはいうまでもありません。

マインドセットを変えるためのシナリオ・デザイン

大転換期には、昨日までこれでいいと思っていたこと、常識が180度転換します。すでに紹介したように凹レンズが凸レンズに突然変わるように、

潮目が変わるこうしたポイントを、微分学では変曲点（inflection point）といいます。世界や時代の変化は連続しているようでいて、変曲点においては非連続の連続です。そこでは、新たな創造・革新も怒濤のごとく起こります。このような時代には、私たち自身のマインドセットのあり方に着目することが肝要です。

　デザイン思考においては、いま私たちが直面している問題に真っ向から取り組む前になすべき大事なことがあります。つまり、デザイン過程の初期において、問題を直観的かつ多面的にとらえ、顧客や社会の人々が実際にどのように製品やサービス、ビジネスとの接点を持っているかを、さまざまな可能性として考えることです。

　それはまさにシナリオ的思考です。シナリオとは物語（stories）です。ただしそれはひとつの物語（story）ではありません。ひとつの、たとえば過去の成長の物語や耳障りのいい話に固定されることは何より危険です。重要なのは、物語に同一化、つまり入り込んでしまうのではなく、複数の可能な世界を描くことであり、そしてそれらの大胆な仮説を綜合し、問題を解決する、あるいは問いに答えることです。

　マインドセットを変えるためのシナリオ・アプローチは、イノベーションに関わるうえでの起点となるでしょう。それは、従来とは異なるものの見方や問題のとらえかた、別の言葉でいえば、いかなる世界が可能なのかを大胆に仮説していくこと、新たな仮説を産み出すこと、あるいは新たな世界を語ること——これらはデザイン思考の最初のステップです。そのためには、次の節で紹介するようなスキャニングなどの方法やシナリオ構築の手法が役立つでしょう。

6.3　シナリオ・ベースド・デザイン

　これまでもシナリオ・プランニングなどの手法は存在しましたが、以下

でハイライトするのは、**将来的な変化の要因から異なる複数の世界を想像することで目前の問題を考察し、解決（あるいは革新）の可能性を考える**知の方法です。シナリオは「何か」を予測するのでなく、いかに新しい観点を得るかがカギです。未来に備える（精緻にシナリオを描く）ことではなく、マインドセットの革新です。

　残念なことに、未来を予測することは不可能といっていいのです。そのためには、将来の成り行きを大胆に仮説し、常識にとらわれない「物語」やエピソードを考え、新たなマインドセットで戦略や事業を考えていく必要があります。そのベースになるのがシナリオ・アプローチあるいは時間・空間の世界制作というデザイン思考です。それは、私たちが抱えている問題を、より大きな時間や空間のなかに位置づけることです。

デザイン思考としてのシナリオ・ベースド・デザイン
①シナリオ・プランニング

　シナリオ的なプランニング・アプローチは、とくに21世紀になってからマネジメント・ツールとしての採用度合いが大変高まりました（『ハーバード・ビジネス・レビュー』誌による）。シナリオ・アプローチを戦略立案への架け橋として活用しようと、ツールとしてパッケージ化したのが、いわゆるシナリオ・プランニング手法でした。シナリオ・プランニングは主として、ロイヤル・ダッチ・シェルなどの一部の欧米企業では1970年代から用いられてきた手法です。しかしそれが2001年以降、さらにより広く注目されています。背景にはネットバブル崩壊、テロ、カトリーナ被害（気候変動、地球温暖化）、新興市場の台頭などがあります。

　多くのバリエーションを持つシナリオ・アプローチですが、そのルーツはSRI（米国のシンクタンク）やロイヤル・ダッチ・シェルなどの企業の経営計画部門にあります。シナリオ・プランニング手法は、従来こういった機関や組織で「門外不出」だった方法を形式知化したものです。当初、それは特定の「天才」や「職人」の技でした。彼らのきわめて属人的な、いわ

ば「暗黙知」を「リバース・エンジニアリング」して活用し始めたのが、SRI（世界最大の非営利独立研究機関）やシェルのOBであるピーター・シュワルツやジェイ・オグルビーが創設したGBN (Global Business Network) などのコンサルティング会社でした。

具体的には将来ビジネスを左右する不確実な要因や力を発見し、事業環境の未来を複数のシナリオで表現し、企業行動を事前に想定する手法です。たとえば、図のように、企業にとって最も重要で不確実性の高い代表的な要因軸（在来エネルギー市場での石油価格が上がるか上がらないか、気候変動に伴う企業の社会的コストは高まるのか高まらないのか）を用いて異なる世界を描き、その中で対応をシミュレーションしたり、変化の方向性を考察、判断するのです。

もともとロイヤル・ダッチ・シェルが開発したシナリオ・プランニングでは、彼らは図に示したような十字を用いてはいませんでした。ただしそれには多くの時間がかかった。そこでいわば簡易な方法で2×2のマトリクスでシナリオを表し、広めていったのはGBN社です。

この電力会社の例（図）では、横軸が在来エネルギー市場の石油や天然ガスの価格動向、縦軸が二酸化炭素（CO_2）のコストですが、その意味するところは環境問題に関する世論の動向です（社会的意識が高ければ、CO_2コストも高くなる）。両軸ともきわめて不確実で、CO_2を排出するエネルギーユーザーである電力会社経営にとってはきわめて重要です。この2軸の組み合わせで、異

米国電力会社の研究開発指針のためのシナリオ

不快な地球
- アドバンスト内燃タービン
- 分散型エネルギー資源（風力等）
- 原子力（既存に加え新規開発）

低石油・ガス価格　　在来エネルギー市場の動向

救出作戦
- 分散型エネルギー資源（風力等）
- アドバンスト内燃タービン
- 原子力（既存の維持）

気候変動に伴う社会的価値の変化

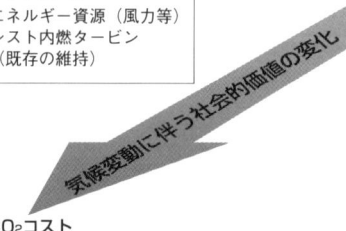

低CO_2コスト

なる4つの世界ができあがります。重要なのはこれらが同時に起きるパターンではなく、それぞれが独立して起きる可能世界であるということです。それぞれ簡単に説明しましょう。

①現状の持続：石油・天然ガスの価格（高）、CO_2のコスト（低）

世論の環境への意識はまだ高くなく（これは2005年に策定されたシナリオ）、一方エネルギー・コストは高い。これはいわば「現状」であり、高価格なエネルギーへの対策として安価な石炭ガスの利用などを考える必要があることを示している。

②ダブルパンチ：石油・天然ガスの価格（高）、CO_2のコスト（高）

石油・天然ガスの価格、CO_2のコストともに高く、電力会社にとっては二重苦である。「環境にやさしい」発電、低コストの原子力発電の増設が求められる（これが2010年時点の世界に近いといってよいだろうか）。

③不快な地球：石油・天然ガスの価格（低）、CO_2のコスト（高）

エネルギーコストは抑えられるようになるが、その分在来型エネルギー消費が拡大しCO_2増分は深刻化する。既存の発電システムの効率化とともに代替エネルギーへの投資が要請される。

④救出作戦：石油・天然ガスの価格（低）、CO_2のコスト（低）

世界的経済の停滞が起き、在来型エネルギーは消費されずコストが下がり、また環境問題への意識も高まらない逼迫した状況。こうした中で、地球環境を回復する分散型の風力発電などが脚光を浴びる。

高CO_2コスト

気候変動に伴う社会的価値の変化

ダブルパンチ
- 石炭ガス化複合発電
- 原子力（既存に加え新規開発）
- 再生可能なエネルギー資源

在来エネルギー市場の動向　　高石油・ガス価格

現状の持続
- 石炭ガス化複合発電
- 原子力（既存の維持）

出所：Program on Technology Innovation: Electric Power Research Institute - Electric Power Industry Technology Scenarios（ESRI 2005）

こういった不確実性によって異なる世界においては、研究開発をはじめ、投資の施策は大きく変わっていきます。いずれの世界もありえます。したがって、どれかひとつに絞るのではありません。考察し、対話し、判断する材料を経営陣やステークホルダーに提供するのです。

　シナリオ・プランニングの本質は、**不確実な変化を生み出す「深層要因」（deep cause）を洞察し、ありうる未来への展開について複数の仮説（世界）を立て、それらに基づいて意思決定や判断を行うこと**です。そこでは、シナリオや物語を描くことが最終目的ではなく、そのために繰り返される、現実から未来へ、未来から現実へと往復する思考プロセスこそが重要です。

　このプロセスはシミュレーションでもあり、また単純なコスト・ベネフィットの意思決定を超えた判断でもあります。シナリオ・プランニングを通じては、「将来に投資すべきか否か」「その投資はいかなるものか」などについて、意思決定や判断のための知見を得ることが狙いとなります。たとえば、次のような作業が行われるでしょう。

- 従来とは異なる未来（世界像）を認識し、未来はいかなるものか、その場合、我々は何にどのように投資すべきか（あるいは投資すべきでないか）を判断する。
- シナリオを戦略の方向性を決める基礎とする、あるいは策定された戦略、策定中の戦略の「風洞」として、シナリオをシミュレーションする。
- 複数のシナリオに対応できるように戦略を構想し、機動性を確保する。
- シナリオを下敷きとして、具体的な戦略計画へと翻訳する（シナリオを取り巻く背景や兆候、製品やサービス、脅威、アクション・プラン）。シナリオが変わればビジネスモデルも施策も変わる。

　シナリオ・プランニングはシステム思考の一つに分類されることも多いのですが、そのエッセンスは仮説を導くアブダクションです。単なる問題解決の手法ではなく、「複雑で創造的な問題」を対象にしたソリューション・ツールです。それゆえ、創造的な知見を広く得ることがより有効であり、シナリオを策定するために招集されるワークショップでは、外部人材の参加

が不可欠になります。

シナリオは、マインドセットを革新し、従来と異なる観点から市場やユーザーの行動を把握し、最終的には意思決定に役立つよりよい知見を得ることが狙いです。そのためには分析的アプローチとは異なる、将来から現在を見るアプローチが必要です。それは積上げ方式で将来の計画を立てることや、将来に対する予測を立て、自社がやりたいことができるように、戦略を立てることは違うのです。したがって未来に対して予測して身構えるのでなく、変化をうまくわが物にすることが求められるのです。

いずれの場合でも将来の変化を左右するソフト＆ハードの社会的・文化的・経済的・技術的・環境的要因の関係を、深層要因のレベルで考察することが求められます。

経営大学院の研究プログラムとして行われているシナリオ・ワークショップの風景　写真：紺野登

シナリオ・プランニングは方法論的にいえば、コンセプト・デザイン作業の流れと構造的には変わりません。つまりデータを獲得し変数を抽出し、その組合せによって複数のカテゴリーを形成し、それらの組合せでモデルを創る。違いは、コンセプトを構成する変数はひとつの意味に収斂するものであるのに対して、シナリオ・プランニングにおいては不確実な（両極を持った）変数であるという点です。

こういった思考法を表すメタファーとして、**不確実性のスープを煮詰めてパイ生地を創る**ような作業をイメージして下さい。どういうことか？　それは、不確実な現象を分析して「確実な」要素だけを発見しようとしないで、不確実性のまま扱っていくという姿勢を意味しています。なぜなら未来は予測不能であり「確実な」要素などなく、不確実性のなかにこそ未来の可能性が潜んでいると考えるからです。「不確実性のスープ」とは、私たちが判断したいことに答えるために集約された、未来の可能性の最小公倍数の集まりといってよいでしょう。そして、「スープ」を煮詰めて、不確実性の塊を引き延ばして（四角いピザパイの生地のようなイメージ）、2つの軸によって左右上下に切り分ける。そして得られた4つの世界に基づいて私たちの問いを考えるのです。それは次のようなステップです。

ステップ1．不確実性のスープを煮込んで、パイ生地をつくる。

- まず最初にテーマを吟味する。たとえば20XX年に開業する複合施設のコア事業として○○事業は適切か？　クラウド・コンピューティング市場での勝者になるには何に投資すべきか？　などがあるが、ここでは「バーチャル・プレゼンス（VP）サービスにわが社は投資すべきか」を判断するために2020年の世界を描き、果たして10年後の事業収益が得られているか、そのためには何が条件か、を考えてみる。
- 未来からものを考える……20XX年の世界で私たちの事業に影響を与えるファクターは何だろうか？　ありとあらゆることを思いつこう。些細なことが後に大きな影響を及ぼすというのが歴史の教訓だ。
- 「身近」なことから「遠い」要因まで、この問いに影響を与えると思われる可能な限りの不確実性を探索する。スープ鍋に不確実な変数がいっぱいたまってきた。20XX年に中国が真の大国になるのか？　中国とのコミュニケーションは質的量的にどうなるのか？　これは

わからない……。
- そして最も「不確実(わからない)、しかし大変重要」なのはどれかを吟味する。不確実だけど重要でないことや重要でありかつ確実なことでなく、大変不確実でありながら影響（重要度）が大きいことは何かを考える。

> ステップ2. パイ生地（不確実性の変数の両端）をできるだけ拡げて、異なるいくつかの世界に切り分ける。

- スープ鍋を混ぜながら、「重要な不確実性」の太い軸をいくつか見いだそう
    ――たとえば、次のような「どっちにいくかがわからない」軸が抽出された！

技術変化については	劇的に変化	⇔	漸進的に変化
人間行動については	ITモビリティ増	⇔	対面コミュニケーション重視
環境規制については	政府主導	⇔	民間主導
石油価格については	高価格	⇔	低価格
世界経済については	ローカル回帰	⇔	グローバル平準化

> ステップ3. こうして現れるそれぞれの世界はパラレルワールドである。どの世界がやってくるかはわからない。

- 軸の意味を吟味し、焦点となるテーマにふさわしい軸は何かを考える
    ――軸と軸とをかけあわせて、面白くない＝情報価値低いもの、相関しているもの（2軸が実は同じこと、近いことをいっている）、不都合、矛盾、焦点に対する答えが出にくいもの、などを

吟味し、最適な2軸を選別する（広げたパイ生地を軸に沿って4つに切り分けよう）
- 次に軸の名前、両軸の意味を記して、4つの世界にネーミングしよう。
  ――創造性を発揮しよう。ここで描かれるシナリオ（プロット）の質がすべてである。4つの世界はそれぞれまったく別の未来の展開を描くものだ。
  ――こうして出来上がった世界が、シナリオ・デザインである。深掘りの作業なども必要だが、私たちのマインドセットを変えていくような、デザインの方向性や展開のプロットをここで描く。

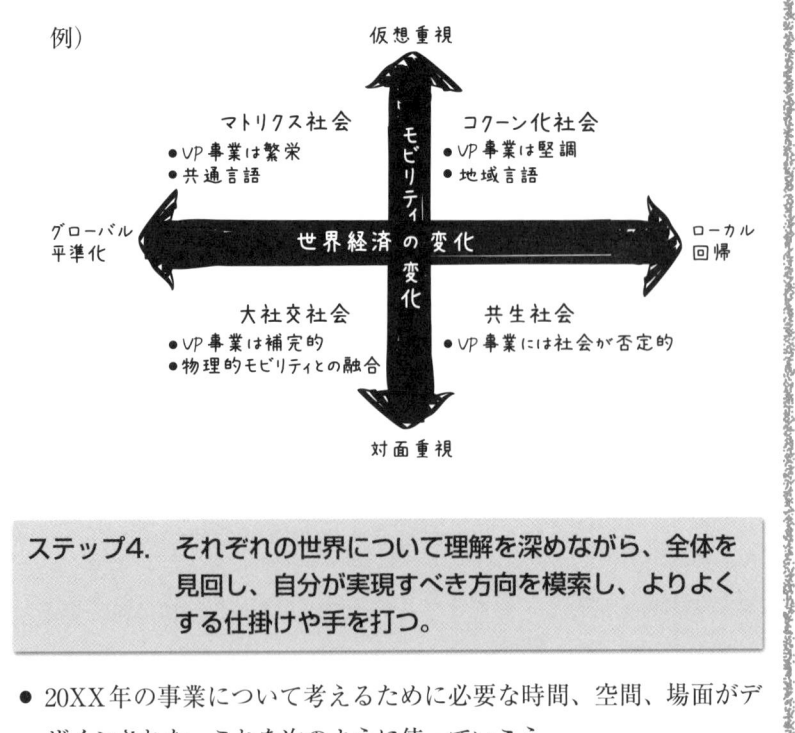

例）

```
                    仮想重視
                      ↑
        マトリクス社会  │  コクーン化社会
        ●VP事業は繁栄  │  ●VP事業は堅調
        ●共通言語     │  ●地域言語
                  モビリティの変化
  グローバル ←──────世界経済の変化──────→ ローカル
   平準化                              回帰
        大社交社会    │    共生社会
        ●VP事業は補完的│  ●VP事業には社会が否定的
        ●物理的モビリティとの融合
                      ↓
                    対面重視
```

> **ステップ4.** それぞれの世界について理解を深めながら、全体を見回し、自分が実現すべき方向を模索し、よりよくする仕掛けや手を打つ。

- 20XX年の事業について考えるために必要な時間、空間、場面がデザインされた。これを次のように使っていこう。
  ――シナリオを戦略策定の方向性の基礎とする（ナビゲーターとし

て用いる)
——シナリオを策定した(策定中の)戦略の「風洞」として用いてシミュレーションする(私たちの戦略は空中分解してしまわないか?)
——シナリオのモデル化(どんなロジックで盛衰が起きるのか)、さらには具体的戦略計画に翻訳をする

シナリオ・プランニングの基本的流れ

不確実・重要な変数 → 不確実要因のクラスター化 → 要因群の組み合わせによる可能な論理の発見 → ナラティブの吟味・判断

STEEP

世界1　世界2
世界4　世界3

シナリオ・プランニングは(なぜ)つまらない?

筆者はおもに研究開発や教育という面でシナリオ・プランニングと関わってきた。しかし、その有効性にもかかわらず、実際に日本企業の現場で採用

されたシナリオ・ワークショップについては「つまらない」「ありきたりの答えしかでてこない」といった声をしばしば聞く。なぜシナリオ・プランニングがつまらないのか。

日本では、従来、シンクタンクが政策策定ツールとして利用したが、欧米ほど普及せず、シナリオは一部の戦略ツールにしかすぎなかったという経緯がある。そこで実際もこの手法を経験した日本企業からは欧米企業ほどの賞賛は聞こえてこない。この理由としては、この手法が主に戦略立案の一環として用いられてきたということがあるように思われる。シナリオ・プランニングと戦略立案とは異なるものだ。企業が未来に備えるために、どちらかというと不測事態への準備的な位置づけでシナリオを用いれば、勢い消極的な、落としどころを求めるような活用にならざるを得ない。

また、別の理由として、場作りの不備がある。つまり、シナリオ・プランニングに関わる当事者が、いつもの部門内スタッフでは発想が広がらない（したがって「面白い発想が出ない」という批判がある）。

しかし、なにより大事なのは、組織が自らを変革するという視点でシナリオを採用しなければならない、ということである。いくら素晴らしいシナリオが描かれても、結局それを用いる組織が変わらなければ、それは未来に準備する、身構えるという以上のものではない。シナリオを作って構えていたのではしょうがない。

シナリオ・アプローチを用いる上では、経営や組織自らが能動的に変化するための世界を制作していく「デザインの方法論」としてとらえ、新領域の発見や事業変革やイノベーションのために、つまり、イノベーションが起きない組織的閉塞感を破る手法として、位置づけなければならない。

その核になるのは、「もし……だとしたら」という問いによって組織の「マインドセットを変える」ことである。つまり、分析でなく、創造の（デザインの）起点としてシナリオ・アプローチを用いることなのである。

②スキャンニング

　事業環境スキャンニングともいいますが、スキャンニング（scanning）は、元来は戦略的目的のために情報を収集・分析・提供する一連のプロセスです。企業や組織の対象とする業界や市場の客観的および主観的情報を獲得する手法・活動です。

　スキャンニングの要素となるのは生活者トレンド、専門家のオピニオン、ビジネストレンドなどの兆候データを集約し、クラスター化するプロセスです。変化のシグナルを読み、変化のパターンを読み、変化についての洞察を得ることです。

　これもまた不確実な企業環境のなかでの洞察を得る手法としてSRIが開発しました。ワークショップ形式や、洞察抽出の方法はブラックボックス的ですが、基本になるのは今述べた、兆候データの集約、クラスター化プロセスです。SRIのコンサルティング部門でのサービス化例では、変化のシグナルを読む（データのサンプリング）→ 変化のパターンを読む（データの比較）→ 洞察（理論化）という、第4章で挙げたGTAのような帰納的ステップを踏んでいます。

　スキャンニングもシナリオ・プランニングも、この世の中の変化を隈なく見る、という視点あるいは作業は共通していて、下記の5つのような切り口（STEEPあるいはPEETSとも呼ばれる）から環境変化をスキャンすることが一般的です。

1. Society　　　　社会的変化（グローバルな社会、文化、意識）
2. Technology　　技術的変化（技術トレンド、IT、技術革新）
3. Economy　　　経済的変化（グローバル化、地域の経済、構造的変化）
4. Environment　　環境的変化（地球温暖化、気候不順、環境維持コスト）
5. Politics　　　　政治的変化（政治、制度的変化、規制緩和）

　スキャンニングもまたワークショップの形式で行われます。たとえば、具

202　PART II　デザイン経営の知的方法論

スキャンニング・ワークショップの進め方

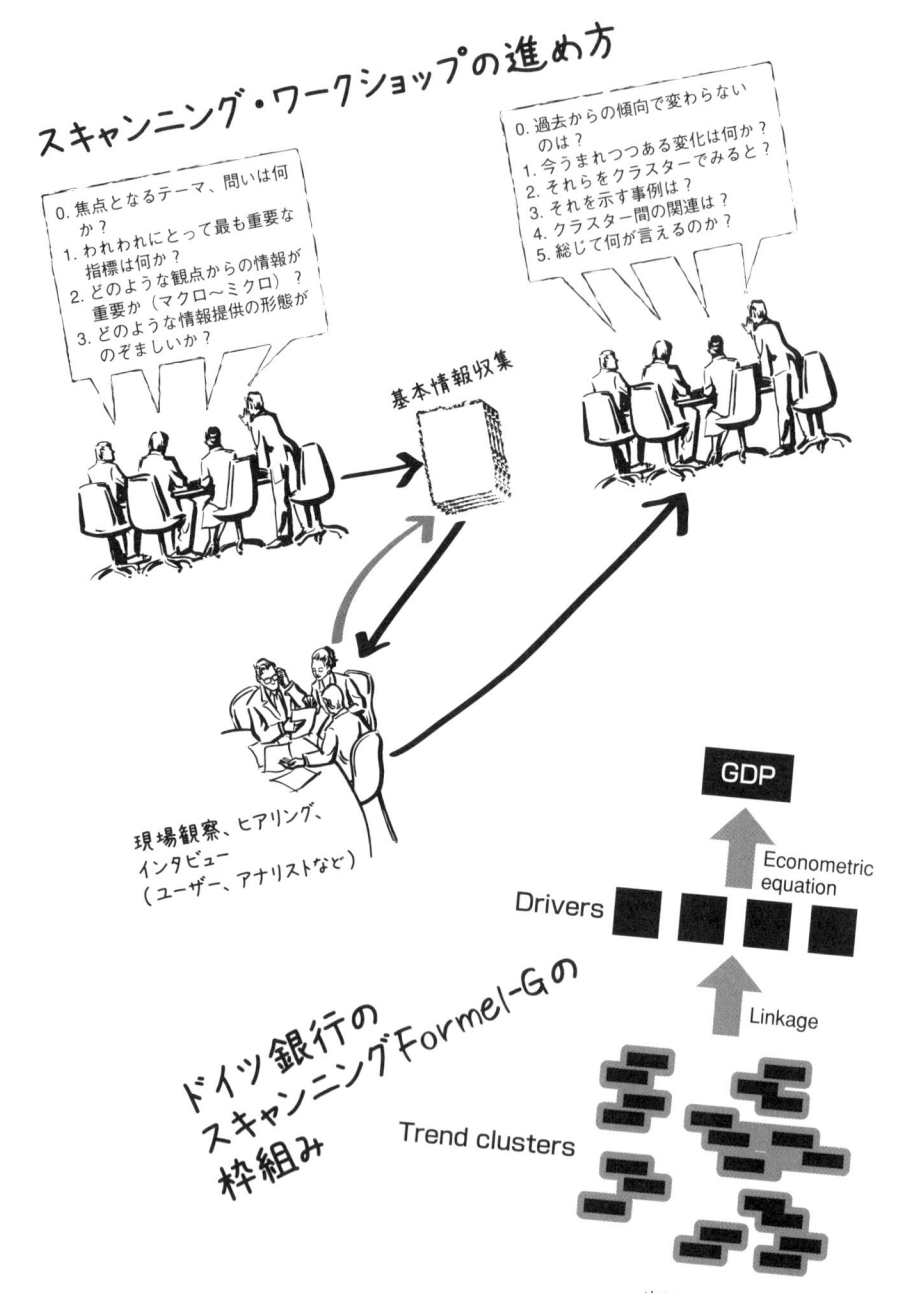

0. 焦点となるテーマ、問いは何か？
1. われわれにとって最も重要な指標は何か？
2. どのような観点からの情報が重要か（マクロ〜ミクロ）？
3. どのような情報提供の形態がのぞましいか？

基本情報収集

0. 過去からの傾向で変わらないのは？
1. 今うまれつつある変化は何か？
2. それらをクラスターでみると？
3. それを示す事例は？
4. クラスター間の関連は？
5. 総じて何が言えるのか？

現場観察、ヒアリング、インタビュー
（ユーザー、アナリストなど）

ドイツ銀行のスキャンニングFormel-Gの枠組み

GDP

Econometric equation

Drivers

Linkage

Trend clusters

出所：ドイツ銀行資料

トレンド・クラスター（TC）と事業ドライバーを掛け合わせて考える

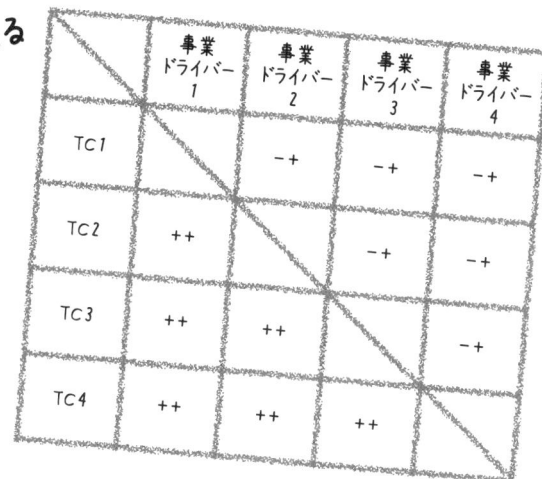

	事業ドライバー1	事業ドライバー2	事業ドライバー3	事業ドライバー4
TC1		－＋	－＋	－＋
TC2	＋＋		－＋	－＋
TC3	＋＋	＋＋		－＋
TC4	＋＋	＋＋	＋＋	

体的作業ではこれらの切り口から提示された数多くの変化要因をリサーチャーが評価（得点化）する。次に上位項目を核にして他の要因の寄せ込みを行ってクラスター化し、それらのクラスターごとの得点を集計するなどして変化要因の全体マップを作る。さらに、こういった環境変化要因と事業側の要因の組合せによって、問いへの答えを仮説として提示する。こういった枠組みを用いているのはドイツ銀行のFormel-Gと呼ばれるパッケージ手法です。トレンド・クラスターをいくつかに集約し、それらが経済成長のドライバー（駆動要因）にどのようなインパクトを与えるかを評価するという枠組みとなっています。

注：このスキャニングによって得られた変化の要因（ドライビング・フォース）と、事業を構成する要因（たとえば技術やマーケティング）のマトリクスを描き、それぞれに想定される変化、さらには全体として示唆されること、などを議論していくプロセスが重要である。

---

③シナリオ・ベースド・デザイン

　シナリオ・アプローチにもうひとつ含めておかねばならないのはシナリオ・ベースド・デザインです。この手法は、主にソフトウェアデザインの分野で使用されてきたものです（キャロル 2003）。シナリオを経営や事業の観点だけでなく、製品開発やコンセプト・デザインに応用するのが、シナリオ・ベースド・デザインの役割です。

　ここではGUIなどの開発や、製品開発でのプロトタイプ、サービスのデザインの現場、プロトタイピング作業の現場をイメージして下さい。

　前提として、デザインの対象となっているプロトタイプの想定ユーザーは誰か、その他の重要な当事者（actor）は誰か、彼らの利用の動機は何か、また、実際に使用される現場での状況はいかなるものか、などを想定しておく必要があります。

　たとえば、半導体工場向けの診断サービスのシステムなどを想像して下さい。そこで、デザイナーがユーザーである研究者や作業員にとって使いやすいツールやソフトウェアを開発しようとしている。まず観察を経て、事前に利用過程をシナリオとして想定し、ユーザーの行為に影響を与える要因を評価者に提供するのです。

　ここで用いられるシナリオも特定のプロットあるいはナラティブ（物語り）からなっています。そして、そのシナリオが展開される過程、つまりシーケンスの中で、可能性のあるアクションやイベントが仮定されます。たとえばユーザーはどのようにそこで反応したり行動したりするのか。どんなタイミングでどんなことが起きるのか、といったシナリオを作成していきます。

　ここでは常に高いシナリオの質が問われます。シナリオ・ベースド・デザインでは、さまざまなシーケンスを仮定したアプローチや、ユーザーの現場を再現してナラティブな対話型のデザイン作業が行われることもあります。ユーザーがどのように製品やサービスに関わるのかを現実的・具体的なユーザーの視点からとらえ、あるいは「語らせて」、どのようなあり方が可能かを考えることでデザインを進めていくことです。

背後にあるのは、完全なモデルを描くのでなく、多様な可能性を含んだ物事の見方である。したがって、そこで大事な問いは「もし……だとしたら？ (what-if)」です。シナリオ思考の重要性はこれに尽きるといっていいでしょう。イノベーションを考えるにあたっては、従来の延長線上の思考や、特定のフレームワークを適用する論理的思考から脱し、マインドセットをずらしていくことが重要になります。それが、デザイン思考におけるシナリオの意味合いです。その「もし……だとしたら」を起点に、下記を進めていきます。シナリオ・ベースド・デザインもプロジェクトやタスク、ワークショップなどによって運営されます。

① 「問題シナリオ」(problem scenario)
　まずユーザーの現場からの問題記述です。ユーザーと対象となる製品やサービス、ユーザーの意図、そして環境とのかかわりのなかでユーザーはどのような状況にあるかをナラティブに記述します。そしてそれらを展開して、あり得る可能性として異なる方向性を思い描いていきます。

② 「活動シナリオ」(activity scenario)
　つまりどのような活動をユーザーがとりえるかをリストとして示す。そしてそれらを個別に、および共通に解決できる展開として考察し、技術との対応などによって複数の解決策を示していきます。

③ 「デザイン・シナリオ」(design scenario)
　プロトタイプなどを通じてユーザーに解決代替案を示し、対話しながら評価を得ていきます。

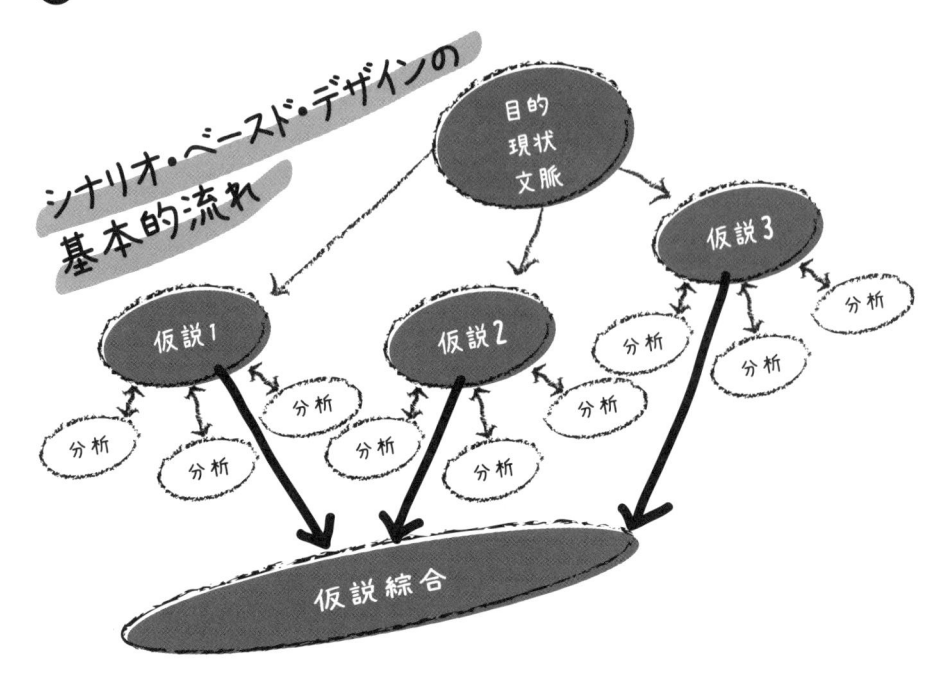

シナリオ・ベースド・デザインの基本的流れ

目的
現状
文脈

仮説1　仮説2　仮説3

分析

仮説綜合

　このシナリオ・ベースド・デザインの過程の肝は、まず、ある特定の場面を軸にして、いくつもの仮説を生み出し、それらを吟味しながら綜合していく、という簡易な手順です。これを応用したのが「ペーパー・プロトタイピング」などの技法です。たとえば、ソフトウェアのGUIのデザインを、ユーザーが直面するであろう場面を想定して、画面の代わりに簡易に紙や付箋紙を使って示すことで、ユーザーがどのように反応するか、どのような問題が起きるのかをシミュレーションしていくのです。これ自体、分析的な方法とは異なる、仮説主導型の思考の典型的なものであり、私たちが日常的に活用できるものでしょう。

シナリオ・アプローチの意味とは何か

　企業は社会や経済といった世界の変化から逃れることはできないでしょうし、社会に価値を生み続けなければ（経済的にも）存続できません。モノ

づくりだけであればそれを売るという仕事が中心でしたが、経済のサービス化は、さまざまな関係性のなかで事業を展開することを前提とします。したがって、社会的変化の哲学的なレベルから、生活者の現場まで、企業や個人がどのような関係性のなかに置かれているかを常に意識して経営を考えていく必要があります。知識デザインやデザイン思考は、そうした観点とワンセットになっています。

そこでシナリオ・アプローチは、単なる、未来への仮定のためや変化に身構えるための手法ではなく、こうしたマクロとミクロをダイナミックに考え、変化を世界の本質として考えていくための「哲学」だともいえるのです。

シナリオ思考の系譜

本章の最後に、シナリオ思考の歴史を記しておこう。

【第1世代】 おそらく最初にシナリオ思考を実践したのはハーマン・カーン (Herman Kahn、1922-83年) だ。カーンは米国の未来学者、軍事理論家であり、著書『超大国日本の挑戦』(1970年) の中で「21世紀は日本の世紀」、「2000年頃に日本の国民1人当りの所得がアメリカと並んで世界一のレベルに達する」などと予言を行った。カーンはまたSRIに参加し、そこで最初のシナリオの種を植え付けたのでないかと思われる。

米国の評論家、作家、未来学者、アルビン・トフラー (Alvin Toffler、1928年-) は、『未来の衝撃』『第三の波』『大変動』『パワーシフト：21世紀へと変容する知識と富と暴力』『富の未来』などの一連の著作で時代の変化を予言した。

これら第1世代に共通するのは、ただその方法論は明らかでなく、内容

（メッセージ）が主たる産物だった。

【第2世代】未来研究者、未来思想家・世界的未来予見者……さまざまに呼ばれるジョン・ネイスビッツ（John Naisbitt、1929年-）は『メガトレンド』において、第1世代同様に予言を行ったが、違いは彼がメガトレンドで物事を見るという方法について示したことである。

　こういった、変化の背後にある要因を発見し、それらの組合せによって将来を見る、あるいは不確実性を理解するメソッドを打ち出したのがこの第2世代である。

　その中に、ロイヤル・ダッチ・シェルのピエール・ワック（Pierre Wack、1922-97年）や、その後を継いだシナリオ・プランニングの専門家、GBN社の創業者ピーター・シュワルツ（Peter Schwartz、1948年-）がいる。シュワルツはシナリオ・プランニングの手法によって冷戦の終結を指摘したことでも知られている。

【第3世代】第1・第2世代が、世界規模での変化に関心を持っていたのに対して、次の世代は人々の動向や社会・文化等ソフトなシナリオの適用に向かった。

　代表的なのは本書でも紹介したGBNや、BrainReserve社の創立者でトレンド予測のエキスパート、フェイス・ポップコーン（Faith Popcorn、1948年-）である。彼女はスキャンニングを用いて「コクーニング（cocooning）」（人々の繭化）という言葉を広めたことでも知られている。

　一方、1990年代になると、デザイナーやデザイン手法の研究者達がシナリオを積極的にデザイン手法に取り入れるようになった。背景には、それまで見えるものをデザインしてきた彼らが人間とコンピュータの相互作用といった、見えないものの関係性をデザインするといったイノベーションへのニーズが生まれたことによる。

PART Ⅱのまとめ

3つのアプローチをどう使うのか

　以上挙げてきた3つの経営のためのデザインの方法論は、個別にも利用できますが、それぞれは関連し合っています。

　シナリオ・アプローチは、そもそもどういったパースペクティブを持って戦略を考えるか、またはイノベーションを志向するか、の指針を与えます。あるいは、現状進めてきたプロジェクトの方向性がどのような影響を受けるか評価吟味する際に有効でしょう。

　エスノグラフィー・アプローチは、顧客や社会の現場から知を獲得する、デザイン思考の起点となる方法論です。

　そしてビジネスモデルのデザインは、コンセプトを顧客価値や市場のエコシステムとの関連性で綜合していく役割を担います。

　これらは図のように関連づけておくべきでしょう。もちろんこれらがデザインの世紀における経営の知の方法論のすべて、というわけではありません。しかし、いずれもが、フォーマルな分析的戦略に対しての、現場の生命感（エスノグラフィー）、従来の企業の枠組みにとらわれない関係性（ビジネスモデル）、一元的なマインドセットにとらわれない可能性（シナリオ）、など、「知のデザイン」の時代の経営にとって有意義な視点を補完する役割を担っているのです。

3つのアプローチの綜合

シナリオデザイン
ビジネスモデルデザイン
エスノグラフィーデザイン

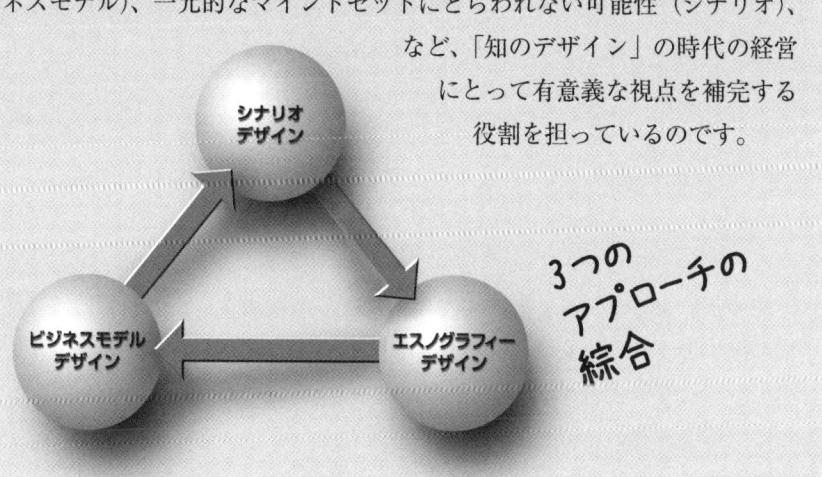

さいごに ────────「場」のデザイン

スマート・パワーとしてのデザイン
　歴史学者で東京大学副学長の田中明彦氏は、『新しい「中世」』の中で、冷戦後の世界を3つのグループに分けています。
　第1グループは国境の意味合いが薄れてきた「新中世圏」。これはEU諸国のイメージです。ヨーロッパの中世と同様に人が国境を越えて自由に往来できる状況が出現しています。日本もヨーロッパと同じような文化・社会レベルがあるから、新中世圏はヨーロッパと日本とアメリカの西海岸などを含む形になります。ちなみに知識経済化による便益を享受している国々についてのある調査では、米国、ノルウェー、アイルランド、スイス、オランダ、オーストリア、イギリス、フィンランド、フランス、ドイツそして日本が同じようなクラスターを形成しています。つまり知識経済ゾーンといってよいでしょう。
　第2グループは国民国家を目指している「近代圏」。その典型例が中華人民共和国でしょう。ロシア、韓国、北朝鮮なども含まれます。BRICsとも重なります。
　第3グループは秩序が崩壊した「混沌圏」。政治の混乱、戦争、自然災害（多くは人災が指摘される）などがこうした国々を取り巻いています。ミャンマーやアフガニスタン、ハイチなどはその代表例といえるでしょう。イラクなどもそうでしょう。
　田中氏によると、日本は新中世圏の国でありながら、地政学的には近代圏の国に囲まれています。大変なことに、それぞれの世界圏に意識的に対応しなければならないところに日本の難しさがあるのです。その選択肢としては「新中世圏の中で生きる方向を見失わないこと。近代圏の国々と上手に関わること。混沌圏への対応もしっかり行うこと」の3つが迫られます。

こうした「新しい中世の時代」においては、ハード・パワーとソフト・パワーを備えたスマート・パワー経営が大事になるでしょう。BRICsは基本的にはハード・パワーで戦っている。まともに抗するのは前時代的です。スマート・パワーに移行するためには、まさに知のデザイン力が非常に重要になってきます。

　トヨタは日本の代表的なエクセレント・カンパニーですが、トヨタに限らず日本企業は、やはりGMなどが創ったビジネスモデルを踏襲して磨き上げ、キャッチアップしてきました。キャッチアップ戦略は必ず追う方が有利です。学習効果が高く、キャッチアップされるスピードもどんどん速くなる。その論からいえば、キャッチアップ戦略を採った企業や国はまたキャッチアップ戦略を採る他者に必ず、かつより早く抜かれていくでしょう。イノベーション戦略に移行しなければならないのです。したがって、いまほどデザインなどを含めたスマート・パワーが求められる時期もありません。

　日本には伝統的な文化があります。その文化を生かす必要がありますが、1980年代から90年代に日本企業は伝統的文化を排除して、モノづくりの効率性だけを追求してきました。ですから、あらためてデザインに注視しなければいけないのです。バーナンキやサローなどの経済専門家や経済学者が暗示しているのは、従来の経済学や経営学の限界を超えるような、人間のマインドのパワーによる思考の要請ではないかと思われます。それは従来のエンジニアリング的、論理分析的思考とは異なるものです。

　もしデザインがイノベーションに関わるとすれば、それは単にコンセプトやプロトタイプを生み出す思考法として便利だから、というだけではなく、人間や組織の創造性を解放するようなかたちで企業の経営にかかわるからです。

場のリ・デザイン

　当座、デザイン経営は経営革新でもあります。あくまで個人的観察のレベルですが、イノベーションを起こす組織とそうでない組織を比較してみる

と、後者には多くの制約やルール、しがらみがみられます。これをイノベーションを抑制する「重力の法則」(Laws of Dis-innovation) と呼んでみました。

- 事業部制等による組織の壁（サイロ組織文化）
- 組織の社会的ネットワークの貧困さ（例：トップと現場が遠い）
- 組織外部（社会）へのオープン性がない
- 一元的（決定論的）マインドセット（例：分析アプローチ）
- 過去の成功体験（例：モノづくりへの過剰適応）
- 既存のプロセス（例：開発プロセス）または事業プラットフォーム
- 重厚鈍重な財務システム

こうした「重力」が強ければ私たちは大気圏から抜けられず、自由に創造活動をすることができない。そこでもし組織が開発チームにデザイン思考を浸透させることができればこうした法則を打ち破る力にもなります。

しかし、こういったことを可能にするには「場」のリ・デザインが必要です。

いまでも企業は組織図によって表されていますが、しかしその実態はますますネットワーク型のモデルになってきています。成長している企業の現場を少し覗けばわかるのですが、皆固定的な席に座っているのでなく（つまり分業ではなく）、その場で見つかった問題を皆で議論しながら解決する。そういった企業がイノベーションを起こし成長しています。また、いまはマルチライフ、マルチジョブの時代です。別の仕事や役割、たとえばボランティアをしているかもしれない。「退職後の人生」なんてないかもしれない。こういった条件下では、組織論やリーダーシップ論、企業論はこれまでとはまったく異なってくるでしょう。

企業にとっては組織のカベを越える新たな「場」が不可欠なのです。それは情報通信環境、プロジェクト制度、柔軟な人事制度、統合的知財マネジメントなどにまたがるテーマですが、要になるのは組織文化、オフィスを含む、ワークプレイスのデザインではないかと思われます。

さいごに | 213

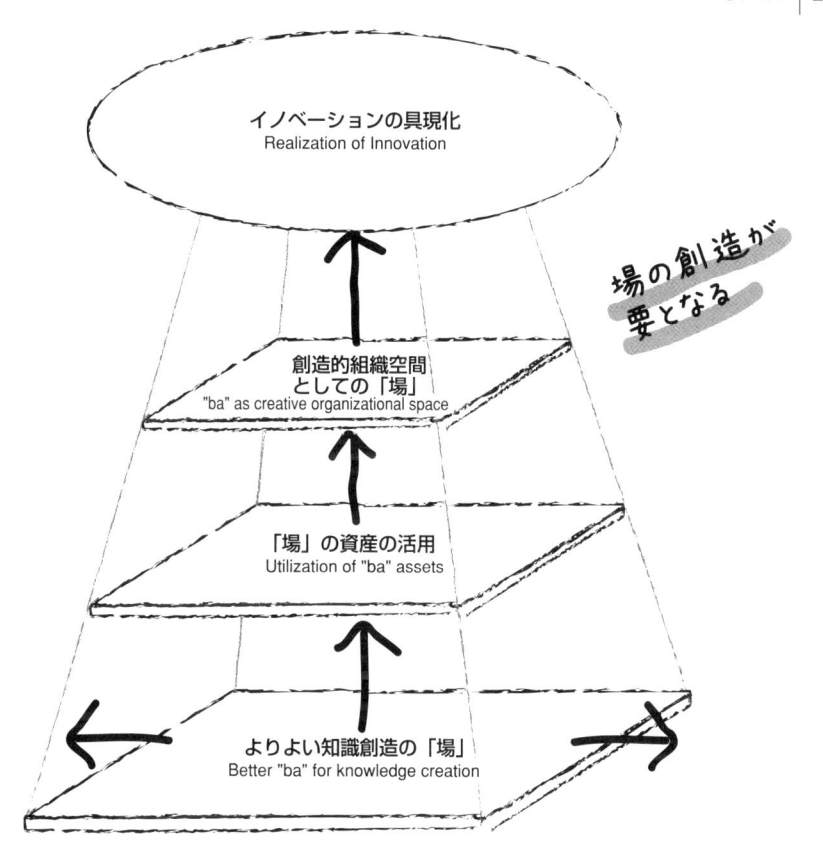

イノベーションの具現化
Realization of Innovation

創造的組織空間
としての「場」
"ba" as creative organizational space

「場」の資産の活用
Utilization of "ba" assets

よりよい知識創造の「場」
Better "ba" for knowledge creation

場の創造が要となる

フューチャーセンター：ナレッジシティへの進化

　近年、欧州を中心に政府機関や企業が、地域経済・社会のイノベーションを目的に、「フューチャーセンター」という機能の設立を進めています。「場」を積極的に活用して変革を起こすために、独立した、自在に活用できるワークプレイスとして省庁内に設置され、中長期的な課題解決を目指し、幅広く関係者が集まって対話が行われているのです。政策立案、問題解決、政策実行を図り推進する場として位置づけ、活用している。実はそこでは日本発の概念「場」が重要なキータームになっているのです。

　日本企業は現場に強く、現場の暗黙知が知識創造の経営においても重要な前提になってきました。ただし、事業部等の枠組み内部での場はあって

さいごに

従来の企業や組織のオフィスには見られなかった新たな場が欧州の都市に急速に拡がっている。これまでとは異なる都市のあり方——知識時代のナレッジ・シティ(Knowledge Cities)としての新しい顔のひとつがフューチャーセンターだ。

オランダ運輸水利管理省フューチャーセンターLEFとワークショップの一コマ（写真提供：LEF）

も、組織横断的場ということになると組織の間にはカベがあって、むしろ、弱いとさえいえます。また、場は身体知に基づくものですが、五感の限界、身体知の限界がある。それを超える情感の知がなければイノベーションの場にはつながっていかない。日本のお家芸発揮も旧世代の幻想になりかねません。意識的な場のデザインが必要なのです。

欧州のフューチャーセンターなどの事例はデザイン思考あるいは知識デザインの方法論を持ち込んだ場の概念だといっていいでしょう。

たとえばオフンダ連輸水利管理省のフューチャーセンターLEFでは、次のステップに沿って場を運営し、問題を解決し、新たなアイデアを生む試みを行っています。

1. Familiarisation（親しむ）
2. Contracting（請け負う）
3. Design（設計する）
4. Implementation（実行する）
5. Evaluation（評価する）
6. Application（応用する）
7. Integration（統合＝浸透する）

こういった、従来のオフィスにない場が今後次々と生まれてくるでしょう。今最も重要な変革のカギは場における対話や協業などの知（ソフト）だと思われます。こうして企業や組織の現場は、経営企画が重たく精緻な戦略を立て執行部門が実行する、というモデルから脱して、人々がその能力や知識によって多様にネットワークしながら戦略プロセスを実践しつつ都市や社会を形成していくというモデルに移っていくのです。

【主なテーマ別文献案内】(重要参考書に注釈説明)

<デザイン思想史>
- マンフレッド・タフーリ『建築神話の崩壊──資本主義社会の発展と計画の思想』(藤井博巳,峰尾雅彦訳)彰国社,1981年.
   イタリアの建築史批評の重鎮,マンフレッド・タフーリ(1935-1994)の現代建築批判.副題は「資本主義社会の発展と計画の思想」.近代建築のイデオロギーの系譜と建築家の役割を論じている.経済発展とデザイン(アート)との関係を考える上で欠かせない.
- 紺野登『創造経営の戦略』ちくま新書,2004年.

<知識経営>
- S・L・ゴールドマン,R・N・ネーゲル,K・プライス『アジルコンペティション──「速い経営」が企業を変える』(野中郁次郎監訳,紺野登訳)日本経済新聞社,1996年.
- 紺野登『知識資産の経営』日本経済新聞社,1998年.
   自社の持つノウハウや技術,ブランド,デザインといった「知識資産」を知識創造とともに重要な知識経営の構成要素として論じている.知識の資産としての特性,資産評価,担当役員の役割など,網羅的に知識資産に基づく経営のあり方を紹介している.
- 野中郁次郎,紺野登『知識創造の方法論』東洋経済新報社,2003年.
   ナレッジワーカーとしての個人が,知識創造のディシプリンを高めるためのガイド的著作.知識創造の方法論のエッセンスを先達の哲学者や社会学者の知の方法論に探り,再構成・体系化してコンセプト創造の実践に結びつけようとしている.
- 野中郁次郎,紺野登「戦略への物語アプローチ」『一橋ビジネスレビュー』2008年秋号,AUT.(56巻2号).

<実践のための哲学>
- アリストテレス『ニコマコス倫理学』(高田三郎訳)岩波文庫,1971年.
   古代ギリシアの哲学者にしてアレクサンダー大王の家庭教師でもあったアリストテレスによる倫理学研究の業績(の断片)を編纂した書.全10巻にわたって「正しく生きる」ことをテーマに,あるべき幸福とそのための正しい行為,徳などについて論じており,「賢慮」や「アクラシア(意志の弱さ)」など実践のための智慧について考察する上での原典である.

- 新井恵雄『ハイデッガー』清水書院，1970年．
- マキアヴェリ『新訳 君主論』（池田廉訳）中公文庫BIBLIO，1995年．
    政治学の古典的名著だが，20世紀以降「マキャベリズム」の面から読むのではなく，哲学の視点から読まれるようになってきた．既存の価値観にとらわれない実践的な哲学，あるいは意志と運命など，リーダーシップや経営判断のための知見を豊富に含んでいる．
- 野中郁次郎，紺野登「フロネシスの知：美徳と実践の知識創造論」『ハーバード・ビジネス・レビュー日本版』2007年3月号．

<デザイン思考>
- P・G・ロウ『デザインの思考過程』（奥山健二訳）鹿島出版会，1990年．
    原題は Design Thinking（1987年初版）．いま「デザイン思考」が話題になっているが，デザインを行うデザイナーの内面的思考過程とよいデザインの関係を最初に理論化したのは同書である．筆者は同書からインスピレーションを得て『デザイン・マネジメント』（1992年）を書いた．
- ドナルド・ノーマン『人を賢くする道具——ソフト・テクノロジーの心理学』（佐伯胖監訳，岡本明ほか訳）新曜社，1996年．
    ヒューマンインターフェースデザイン及び認知科学研究者として著名な著者が人間中心のテクノロジーはいかにあるべきかを論じている．体験的認知，内省的認知などのキータームがここから引用されている．
- ティム・ブラウン『デザイン思考が世界を変える——イノベーションを導く新しい考え方』（千葉敏生訳）早川書房，2010年．

<直観／仮説的推論>
- コナン・ドイル『四つの署名』（延原謙訳）新潮文庫，1953年．
- ウンベルト・エーコ『記号論 1・2』（池上嘉彦訳）岩波書店，1980年．
    『薔薇の名前』などの小説家にしてイタリアの記号論者，ボローニャ大学教授，ウンベルト・エーコによる記号論の研究書．記号論Semiotics創始者ソシュールと記号学Semiology創始者パースの記号論研究の綜合作業を中心にさまざまな記号論に関する業績を体系化している．演繹，帰納，アブダクションなどの関係も論じられる．
- T・A・シービオク，J・ユミカー=シービオク『シャーロック・ホームズの記号論——C.S. パースとホームズの比較研究』（富山太佳夫訳）岩波書店，1901年．
    米国の記号論研究者シービオク夫妻によるパースの推論研究．シャーロック・ホームズの探偵術は，パースの思考法と同一だった（つまり直観的仮説推論）と推論した研究書．

<企業デザイン，デザインマネジメント>
- 紺野登『デザイン・マネジメント』日本工業新聞社，1992年.
- 紺野登『知識デザイン企業』日本経済新聞出版社，2008年.
- 紺野登（編集）『ソーシャルイノベーションデザイン——日立デザインの挑戦』日本経済新聞出版社，2007年.
- 渡辺英夫「超感性経営」編集委員会『超感性経営——ソニー伝説のストラテジストが授けるデザインマネジメント・メソッド：25』ラトルズ，2009年.
  ソニーのデザイン黄金期を築いた渡辺英夫氏の追悼出版．筆者含む周辺の知人・友人と上智大学における講義ノートを元に書籍として編纂した名著．デザインマネジメントの極意が記されている．

<イノベーション>
- 根井雅弘『シュンペーター——企業者精神・新結合・創造的破壊とは何か』講談社，2001年.
  20世紀初頭のオーストリアの経済学者シュンペーターは，不況をイノベーション（新結合）に対応する経済の適応過程として考え，有効需要の不足として不況をとらえるケインズ説に抵抗した．またシュンペーターの起業家に対する思い，失望なども描かれている名著．

<サステナビリティ・持続性>
- ジェームズ・C・コリンズ『ビジョナリー・カンパニー2——飛躍の法則』（山岡洋一訳）日経BP社，2001年.
  原題は *Good to Great*．ビジョナリーカンパニーの著者ジム・コリンズは，持続的に成長を続けた企業（多くは地味な企業）の企業や経営者がいかなる資質を持つのかを示した．「ハリネズミ」というメタファーでそれを表しているが，これ以降基本的な価値をしっかり定めた企業が持続する，というのは，コモンセンスになったといえ，これ以降，同様の主旨の研究が増えた．
- エイモリー・ロビンス『スモール・イズ・プロフィタブル——分散型エネルギーが生む新しい利益』（山藤泰訳）省エネルギーセンター，2005年.

<サービス経済>
- 碓井誠『図解 セブン-イレブン流サービス・イノベーションの条件』日経BP社，2009年.
- K・グリジニック，C・ウィンクラー，J・ロスフェダー『グローバル製造業の未来』（ブーズ・アンド・カンパニー訳）日本経済新聞出版社，2009年.

<ビジネスモデル>
- ヘンリー・チェスブロウ『オープンビジネスモデル——知財競争時代のイノベーション』(栗原潔訳) 翔泳社, 2007年.
- Osterwalder, A., and Y. Pigneur, *Business Model Generation: A Handbook for Visionaries, Game Changers, and Challengers*, Wiley, 2010.
　　新世代のビジネスモデルへのアプローチであり, オスターワルダーの枠組みに沿って世界各国でビジネスモデル・ワークショップを実践してきた, 470名の実践者が共同で著作を行ったユニークな本である.
- F・ソリアーノ『ゴールは偶然の産物ではない』(グリーン裕美訳) アチーブメント出版, 2009年.
　　FCバルセロナの最高責任者である副会長を務めた著者がスポーツ・ビジネスの実体験からその経営思考, ビジネスモデルを語っている. 従来同種の本は通常の経営概念をスポーツにあてはめただけのものが多かったが, 同書はスポーツ・ビジネスならではの視点を提示している.
- 椎橋章夫『Suicaが世界を変える——JR東日本が起こす生活革命』東京新聞出版局, 2008年.
- NTT DoCoMo「アニュアルレポート2001」

<ソーシャル・イノベーション>
- 野中郁次郎, 紺野登『美徳の経営』NTT出版, 2007年.
　　美徳の経営とは, 「共通善（common good）」の追求を究極の目的として社会共同体の知（知識資本）を活かし共進化する経営である. 美徳とは社会倫理的徳, 審美性, 知力である. たとえばサステナビリティはもはや企業が倫理的義務において行うものでなく, 社会のためのイノベーション, 持続的利益を生み出す源泉である.
- ムハマド・ユヌス, A・ジョリ『ムハマド・ユヌス自伝』(猪熊弘子訳) 早川書房, 1998年.

<質的研究方法論>
- U・フリック『質的研究入門』(小田博志, 春日常訳) 春秋社, 2002年.
　　質的研究方法論へのガイドとして最適だと思われる.「入門」のレベルを超えたグラウンデッド・セオリー・アプローチ, ナラティブ分析, エスノグラフィーなどについて理論面での説明, 研究方法のエッセンシャルな紹介がある. 日本語版だけの解説, 文献案内, 用語集が付いている.
- 佐藤郁哉『フィールドワークの技法』新曜社, 2002年.
- B・G・グレイザー, A・L・ストラウス『データ対話型理論の発見——調査か

らいかに理論をうみだすか』（後藤隆ほか訳）新曜社，1996年，Glaser, B. G., and A. L. Strauss, *The Discovery of Grounded Theory: Strategies for Qualitative Research*, Aldine Publishing Company, 1967.

　グレイザーとストラウスによって提唱されたグラウンデッド・セオリー・アプローチがはじめて紹介されたエポックメーキングな書である．既存のグランド・セオリーに対して，いかに現場から理論を生み出すか，に焦点をあてた知的どん欲さを感じる．日本語訳は難解だが，その後いくつものバリエーションが生まれるGTAの原点となる古典だ．
- 戈木クレイグヒル滋子『グラウンデッド・セオリー・アプローチ——理論を生みだすまで』新曜社，2006年．
- T・グリーンハル『グリーンハル教授の物語医療学講座』（斎藤清二訳）三輪書店，2008年．

<シナリオ思考>
- ヘールト・ホフステード『多文化世界——違いを学び共存への道を探る』（岩井紀子，岩井八郎訳）有斐閣，1995年．
- ピーター・シュワルツ『シナリオ・プランニングの技法』（垰本一雄，池田啓宏訳）東洋経済新報社，2000年．

　原題は *The Art of the Long View*．シェルのシナリオ部門で働き，後にGBNを設立したP・シュワルツによるベストセラー．邦訳で読めるシナリオ・プランニングの教科書として最高のものである．
- J・M・キャロル『シナリオに基づく設計——ソフトウェア開発プロジェクト成功の秘訣』（郷健太郎訳）共立出版，2003年．
- ジェームズ・オグルビー，紺野登，野中郁次郎「シナリオ・プランニングのベーシックス」『Think!』SPR. No. 13, 2005年．
- 紺野登「ポシビリズムの戦略論『分析と計画』から『仮説と実践』へ」『ハーバード・ビジネス・レビュー日本版』2005年7月号．
- 田中明彦『新しい「中世」——21世紀の世界システム』日本経済新聞社，1996年．

<場>
- 紺野登『儲かるオフィス』日経BP社，2008年．
- Nonaka, I. and N. Konno. "The Concept of 'Ba': Building a Foundation for Knowledge Creation," *California Management Review*, 40(3), 1998.

さくいん

A～Z

BMW　165
BOP　83-86
d-スクール　76
FCバルセロナ　24, 150
GBN　192
GM　26, 61, 108, 211
GRANSTA　69
IBM　54
IDEO　→ イデオ社
INSEAD　76
iPad　62
iPhone　154, 172, 188
iPod　62, 188
i-school　77
iTunes　23, 109, 149, 166
JR東日本　68, 167
NTTドコモ　153
P&G　17
PIMCO　101
SNS　98
SRI　191, 201
STEEP　199-201
STRAMD　77
Suica　113, 167
VIZIO社　151, 165
Wii　94
YouTube　172

あ　行

アイデア発想　30
アヴァンギャルド・アート　25
アヴェダ　88
アジャイル・スクラム開発　53
『新しい中世』　210
アップル　24, 62, 109, 150, 180, 188

アート・カンパニー　88
アナロジー　30
アパゴーゲー　39
アブダクション　33, 37-44
アポリア　27
アマゾン　53, 109, 143
アリストテレス　138
アール, H.　61
アントレプルナーシップ　102-08
アンバンドリング　162, 168
暗黙知　34
一元的世界観　186
イデオ社　18, 76, 79
イノベーション　12-18, 82-107, 211-15
イノベーション・ジム　18
井深大　188
インダクション　→ 帰納
インタビュー　125
インタラクション主義　142
インテル　71
インフォーマント　121
内田繁　26
エキナカ・モデル　62
エキュート　68
エクスペリエンス・デザイン　→ 経験のデザイン
エコシステム　67, 74
エーザイ　83
エスノグラフィー　116-29
エラリアン, M.　100
演繹　33
演繹的飛躍　40
エンゲルハート, D.　93
エンロン　155
大賀典雄　63
オグルビー, J.　192
オスターワルダー, A.　162

オッカムの剃刀　39
オーティコン社　83
オープン・イノベーション　18, 156
思い（信念）のマネジメント（MBB）　43

か　行

会計システム　51
格安航空サービス（LCC）　160
仮説（推論）　33, 37, 194, 206
仮説的飛躍　41
家電業界　148
金沢21世紀美術館　175
可能主義（ポシビリズム）　188
ガラパゴス化　153
カールソン, Y.　174
カーン, H.　207
関係性のデザイン　93-95, 149, 162
関係性のパラダイム　46
観察工学　115
カント, I.　44
帰納　33
共進化　43, 74
共通善　156
クラウド・コンピューティング　112, 196
グラウンデッド・セオリー（GTA）　116, 129-36
クラスター化　135, 199, 203
グラフィック・ファシリテーション　35
グラミン銀行　83
グランド・セオリー　130
クリエイティブ・クラス　80
クリステンセン, C.　150
栗田工業　54
グレイザー, B. G.　129
グローブ, A.　106
桑沢デザイン研究所　26, 77
経験産業　171
経験のデザイン　21, 93-96, 171-75
経験のパッケージング　173
形成的評価　146
ゲームデザイン　24
ケリー, D.　77
現実界（と目的界）　33

考現学　127
構想力　56, 177
顧客価値命題　55
コクーニング　208
コーディング　131-36
コトづくり　55-61
コトのデザイン　55, 95
コネクト・アンド・デベロップメント　17
コリンズ, J.　173
コンサルティング業界　151, 192
コンセプト　33, 65, 112, 132, 195
コンセプト・デザイン　112-47
コンセプト・ワークショップ　139
今和次郎　127

さ　行

サウスウェスト航空　160
サステナビリティ　87-91, 170
サービス化　57-61
サービス経済　59
サムスン　109
ザラ　12
サロー, R.　100, 211
産業デザイン　26
三段論法　40
ジェネレーションＹ（世代）　81
『詩学』　133
視覚的思考　32, 37-47
自然資本　170
質的研究方法論　115
シナリオ思考　184, 207
シナリオ・デザイン　176-207
シナリオ・プランニング　191-208
シナリオ・ベースド・プランニング　204
シミュレーション　194
社会的ギャップ　85-86
シャーロック・ホームズ　37
シュイナード, I.　90
重力の法則　212
シュワルツ, P.　192, 208
純粋経験　43, 120
シュンペーター, J.　102-05

情報処理理論　30
ジョブズ, S.　24, 62, 183
シリコンバレー　43
シルク・ドゥ・ソレイユ　161, 168-69
新結合　102
真実の瞬間　174
深層要因（deep cause）　194
シンボリック相互作用論　143
スカイプ　163
スキャンニング　201
筋書き（プロット）　177
ストラウス, A. L.　129
ストラ・エンソ　185
スポーツ・ビジネス　24, 159, 171
スマート・パワー　210
擦り合わせ　60
3M　147
スローン, A.　61
清家清　127
制作力　177
世界を変えるデザイン展　16
セブン-イレブン・ジャパン　72
セレンディピティー　147
前衛芸術（アヴァンギャルド）　25
総括的評価　146
創造的ルーティン　147
ソーシャル・アントレプレナー　16
ソーシャル・イノベーション　16
ソーシャル・マッピング　22
ソリューション・サービス　55
『存在と時間』　183

た　行

体験的認知　33, 42
タタ・グループ　14, 82
タッチゾーン　20
田中明彦　210
『多文化世界』　189
チェスブロウ, H.　161
知識経営　14
知識資産　170-75
知識資本　83, 170
『知識創造の方法論』　33

知識デザイン　29, 32, 47
知の方法論　27
直観的思考　32, 37-47
ディコンストラクション（解体）　28
ディスコ　55
ディズニーランド　173
定性調査（と定量調査）　116
ディダクション　33
ディマンドサイド経営　92
デカルト的綜合　47
デザイニスト　77
デザイン
　――・アントレプルナーシップ　102-07
　――経営（マネジメント）　67
　――思考　28-32
　――しないデザイナー　75
　――・スクール　76, 177
　――とエンジニアリングのハイブリッド化　23
　――・パラダイムの転換　53
　――部門　78-81
　運命の――　181
　コンセプト・――　112-47
　シナリオ・――　176-207
　組織文化へのインパクト　15
　ビジネスモデル・――　148-75
『デザインの思考過程』　30
デジタル・ネイティブ　81, 99
デューラー, A.　181
デリダ, J.　29
デル　71, 149
「天国と地獄」（映画）　45
電子マネー　113
ドイツ銀行　203
徳岡晃一郎　48
トフラー, A.　207
豊田章男　173
トヨタ自動車　173, 211
トレンド・クラスター　203

な　行

内省的認知　42
中村邦夫　188

ナノ（タタ自動車）82-85
ナラティブ 137
ナラティブベース・メディシン（NBM）116, 136-42
ナレッジカフェ 19
ナレッジシティ 213
ナレッジプロデューサー 76, 81
ナレッジワーカー 80
『西太平洋の遠洋航海者』 119
西田幾多郎 120
日建設計 21, 127
ニューデイズ（NEWDAYS） 69
ニュートン的世界観 45
人間中心思考 96
任天堂 94
ネイスビッツ, J. 208
ネイデックス（Naidex）2010 86
ネスレ 13
ノキア 150, 180
野中郁次郎 33
ノーマン, D. A. 42
乃村工藝社 127

は 行

場（ba） 117, 127, 210-15
ハイデッガー, M. 183
パース, C. S. 40
パソコン業界 148
パタゴニア 90
バックキャスティング 184
発見的思考 30
ハード、ソフト、サービスの三位一体 60, 167
パナソニック（松下電器） 108
バーナンキ, B. 99, 211
バーリンホウ（八〇后）世代 81, 99
反物質 45
非決定論的アプローチ 146
ビジネス・エスノグラフィー 115
ビジネス折り紙 21
ビジネスモデル 66-71, 101
　——・イノベーション 148-53
　——・キャンバス 165
　——の三層構造 156
　——のデザイン 148-75
　——のパターン 158
　——・ワークショップ 161
　オープン・—— 156, 162
　第1世代の—— 154
　第2世代の—— 155
　ノンフリルの—— 160
日立製作所デザイン本部 20
ヒューレット・パッカード 108
ファストファッション 12
フィールド・イノベーション 115
フィールドノート 125
フィールドワーク 120, 125
フェイスブック 98
フェデラル・エクスプレス 158
フォード 61, 186
フォーマル理論 136
不確実性 196
富士通 109
富士フイルム先進研究所 19
付箋紙 135
フューチャーセンター 213
ブラウン社 27
プラグマティズム 28, 40
フリードマン, T. 106
フリー・モデル 162
ブレークダウン 122
プロクター&ギャンブル → P&G
プロダクト・デザイン 23, 65
プロトタイプ（プロトタイピング） 33, 36, 44, 114, 124, 136, 144, 204
プロフェッショナル・サービス・ファーム 79, 162
フロリダ, R. 80
分析的思考 37
米国型資本主義 99-101
ペッパーダイン大学 189
変曲点 179, 190
ポスト・イット 147
ポップコーン, F. 208
ボディストーミング 44
ホフステード, G. 189
本田宗一郎 62

ま 行

マイクロクレジット　83
マインドセット　186-90
前川製作所　73
マキャベリ, N.　182
マーケティング　65
松下幸之助　108, 188
マップ化　135
マリノフスキ, B.　119
マルチ・プラットフォーム　162
見える化　143
ミンツバーグ, H.　146
矛盾の許容　43
メソドロジー　27
目的界　33
もし……だとしたら？　184, 205
モデル化　136, 144
モデル形成　33
モデルチェンジ　26, 61, 153
物語（り）　31, 137-39, 190
モノづくり　57-61

や 行

有機的世界観　47
遊動　25, 44
ユーザー参加型デザイン　118
ユーザビリティ・デザイン　118
ユニクロ　13
ユニ・チャーム　18
ユニバーサル・デザイン　118
ユヌス, M.　83

ら 行

ライアンエア（航空）　160
ラピッド・プロトタイピング　124
ラフリー, A. G.　17
ラムス, D.　27
リ・デザイン　113, 211
量子力学　45
理論的サンプリング　136
類推　30
レトロスペクティブ　184
ロイヤル・ダッチ・シェル　188, 191, 208
ロウ, P. G.　30
ロジカル・シンキング　37
ロングテール　162

わ 行

ワイガヤ　146
ワークショップ　139, 202
ワークプレイス　93, 212
渡辺英夫　27
ワック, P.　208
ワン, W.　152

著者紹介

KIRO（知識イノベーション研究所）代表，多摩大学大学院教授，同知識リーダーシップ綜合研究所（IKLS）教授．京都工芸繊維大学新世代オフィス研究センター特任教授，同志社大学ITEC客員フェロー，東京大学i‐schoolエグゼクティブ・フェロー．2004‐10年グッドデザイン大賞審査員．
早稲田大学理工学部建築学科卒業．博士（経営情報学）．知識産業の事業開発，PSF組織戦略，リーダーシップ・プログラム，ワークプレイス戦略等の領域で知識経営とデザイン・マネジメントの研究と実践を行う．
主な著書：『知識創造の方法論』『知識創造経営のプリンシプル』（野中郁次郎氏との共著，東洋経済新報社），『美徳の経営』（同共著，NTT出版），『知識デザイン企業 ART COMPANY』（日本経済新聞出版社）など．
http://www.knowledgeinnovation.org

ビジネスのためのデザイン思考

2010年12月14日　第1刷発行
2017年12月5日　第3刷発行

著　者　紺野　登（こんの のぼる）
発行者　山縣裕一郎

発行所　〒103-8345　東京都中央区日本橋本石町1-2-1　東洋経済新報社
　　　　電話 東洋経済コールセンター03(5605)7021

印刷・製本　丸井工文社

本書のコピー，スキャン，デジタル化等の無断複製は，著作権法上での例外である私的利用を除き禁じられています．本書を代行業者等の第三者に依頼してコピー，スキャンやデジタル化することは，たとえ個人や家庭内での利用であっても一切認められておりません．
© 2010〈検印省略〉落丁・乱丁本はお取替えいたします．
Printed in Japan　ISBN 978-4-492-52190-8　http://toyokeizai.net/